Relations Presse & communication

Les 3 lois essentielles

qu'il faut comprendre et maîtriser

Daniel Ichbiah & Richard Sharpe

Relations Presse

Edition originale : Village Mondial (2004)

Nouvelle édition 2015 avec l'assistance de Guillaume Grhenassia

Le pouvoir des Relations Presse

Des milliers d'euros dépensés en pure perte…

Vous aviez invité plusieurs dizaines de journalistes à une sauterie à la mode New Orleans sur une péniche à l'image du Harlem des années 30. Après deux heures de discours et une présentation détaillée de votre nouvel appareil, ils ont dansé toute la soirée au son de l'orchestre de Louisiane, dégusté les petits fours, bu, ri, discuté… Un flirt s'est engagé entre le facétieux Benjamin, ce pigiste aux dents longues, et Violaine, la nouvelle stagiaire de la compta…

Tout cela pour rien. Dans les principaux quotidiens, sur les hebdomadaires comme sur les mensuels, le lancement du nouveau robot humanoïde n'a bénéficié que de quelques maigres filets. Tellement brefs qu'il faudrait une loupe pour décoder certains.

Qui pourrait prêter attention à cette annonce reléguée dans une colonne et imprimée en tous petits caractères : « Amstram lance un nouveau robot pour la famille qui tente de deviner les attentes de son propriétaire. »

Ce qui fend le cœur, c'est dans un certain magazine, la petite brève que vous avez chichement récoltée cohabite avec une pleine page sur le nouveau robot d'un concurrent, Family, qui pour sa part, se voit encensé pour son Intelligence Artificielle bien moins développé ! Hmm… Votre directeur des ventes a ses informateurs et selon lui, Family n'a pas dépensé le 10ème du budget consacré au nouveau robot de Amstram. Quel est leur secret ? Pourquoi les journalistes les aiment-ils et pas nous ?

Certes la conférence de presse sur la péniche ne s'est pas déroulée comme prévu. Le manager, ordinairement si jovial et plein d'humour, est apparu coincé et mal à l'aise, au cours du questions-réponses. Durant la démonstration du produit, de nombreux journalistes se sont levés pour gagner le buffet, tandis que d'autres manifestaient un ennui profond.

Une telle situation, vous l'avez peut-être vécue... L'entreprise ou l'individu qui cherche à communiquer avec les journalistes se retrouve dans la même situation qu'un(e) adolescent(e) lors de son premier rendez-vous galant. Il ou elle aimerait transmettre une bonne image. Dans le cas d'une entreprise, il serait souhaitable que les journalistes pensent que ses produits sont à la fois robustes et novateurs, et que ses créateurs sont des gens bien comme il faut.

Pourtant, la démarche de communication aboutit parfois à un résultat inverse de celui qui était espéré ! Vous vouliez que l'on pense du bien de vous, de votre société, de ses produits, de votre façon d'opérer. Or, au sortir d'une action de communication, de nombreux médias ont relayé un compte-rendu hostile ou méfiant lorsqu'ils ne vous pas tout bonnement ignoré. Les articles décrivent un tableau qui ne ressemble pas du tout à la réalité que vous connaissez : le jeune PDG est représenté comme un personnage froid et sans âme, les locaux sont qualifiés de « tape à l'œil », et certains journalistes prétendent que la technologie mise en avant est déjà 'obsolète'.

Pour une douche froide, c'est une douche froide !

Celui qui a vécu de pareilles expériences pourrait entretenir le sentiment que le monde des entreprises et celui des médias sont parallèles. Entre les deux, le courant ne passe pas.

Le responsable d'une entreprise pourrait même ressentir une certaine animosité vis-à-vis de ces grattes-papiers… Que savent-ils des affres du créateur d'entreprise qui néglige de se rémunérer durant un ou deux ans tandis qu'il lance sa boîte, faisant fi des nuits blanches ? Des moments d'angoisse lorsque l'on cherche un financement ou lorsqu'il faut négocier quelques points auprès des directeurs d'achats des grandes surfaces avides de fracasser les marges. Visiblement, nous n'avons pas les mêmes valeurs !

Que faut-il donc faire pour obtenir quelques bons articles ?...

Menacer le service publicité du magazine de ne plus acheter la moindre page en guise de représailles ?

Offrir à ces infâmes scribes une montre avec leur nom serti sur le cadran ?

Faire la liste des journalistes que l'on n'invitera plus jamais, tels Louis qui s'est permis quelques phrases ironiques sur le dernier robot de Amstram ou Jane avec son sourire hypocrite qui joue les pique-assiettes mais n'écrit jamais un traître mot sur nos produits ?

Faut-il remplacer notre directeur de la communication, celui qui a eu l'idée de cette soirée dispendieuse ?

Ou changer d'agence de Relations Presse, afin de sanctionner leurs maigres résultats ?

Le pire, c'est lorsqu'on s'évertue à communiquer pour rien...

Si de telles pensées vous ont déjà traversé l'esprit, ce livre est pour vous.

La chose pourrait sembler mystérieuse et pourtant, elle ne l'est point. Celui qui aurait rencontré une telle situation a simplement utilisé un savoir-faire inadéquat vis-à-vis du public que constituent les journalistes.

C'est ici que viennent s'insérer les Relations Presse...

1 - Pourquoi les Relations Presse sont indispensables…

Note : au sein de ce livre, nous utilisons le terme Responsable Presse pour désigner la personne qui occupe cette fonction et parfois aussi l'abréviation RP. La mention "attaché(e) de presse" désigne la même personne.

Pourquoi une entreprise ou une personnalité devraient-elles se préoccuper des Relations Presse plutôt que de se concentrer sur leurs clients et investisseurs ?

Parce qu'un bon article paru dans un magazine peut avoir un impact énorme. Par définition, le média est jugé crédible, bien plus qu'une publicité.

Si le magazine est spécialisé dans un domaine (féminin, automobile, produits agricoles…), le lecteur est prêt à croire que le journaliste a fait une analyse sérieuse, désintéressée et peut donc jouer le rôle de prescripteur. Le degré de confiance qui est accordé à un article est relativement élevé, en particulier dans la presse touchant les professionnels.

Un passage en radio ou en télévision a un impact plus fort encore, étant donné le nombre d'individus qui reçoivent le même message à un moment donné.

Cette forme de promotion coûte beaucoup moins cher qu'une publicité et pour les entreprises qui font leurs premiers pas, c'est souvent la seule façon de faire parler de soi.

Voilà plus de trois décennies que je pratique personnellement le journalisme et autant d'années que j'observe des entreprises ou des personnalités tenter de communiquer auprès de cette population. Durant une telle période, j'ai pu constater de visu l'incroyable impact que peuvent avoir les Relations Presse auprès des médias. Que ce soit négativement ou positivement.

Voici quelques exemples de Relations Presse réussies :

. J'ai vu de mes yeux, un bon responsable de la communication transformer l'image de sa société auprès de journalistes inamicaux, au cours d'un repas. Deux journalistes qui prenaient plaisir à systématiquement agresser une certaine société, sont devenus beaucoup plus doux dans leurs jugements, plus pondérés, plus objectifs. Un simple repas a pansé des années de cicatrices !

. J'ai vu une bonne communicatrice accomplir un véritable tour de force, sans même le remarquer… Soumise à une série de questions d'une intense perfidie, elle a retourné son interlocuteur tant et si bien qu'on aurait pu dire, au sortir de quelques minutes, qu'elle l'avait mis « dans la poche ». Elle avait agi de manière naturelle et sincère, et serait étonnée qu'on lui apprenne qu'elle avait opéré un acte de communication de haute volée.

. J'ai vu certaines sociétés bénéficier d'une sorte d'état de grâce auprès des journalistes, au point de pouvoir se permettre d'immenses erreurs de communication sans en subir le moindre préjudice, là où, une autre entreprise aurait été soumise à un véritable pilonnage médiatique.

En clair : il est possible de communiquer efficacement ! De se faire apprécier des journalistes. De les adoucir et parfois même compatir.

Le seul problème, c'est que les cas cités plus haut sont des exceptions. Bien plus souvent, j'ai observé des situations plus ahurissantes :

. Il m'est arrivé de partir avec un préjugé extrêmement favorable envers un produit, un artiste ou une société. Puis, au sortir d'une soirée organisée pour la presse de ressentir une chute profonde de cette affection. Incroyable : l'acte de communication avait abouti à l'effet opposé à celui qui était recherché !

. J'ai vu de hauts responsables, des types brillants au sein de leur entreprise, se comporter comme des gamins maladroits lors d'une conférence de presse, multipliant les gaffes, phrases malheureuses ou fautes de goût.

. J'ai vu certains PDG ou personnalités subir un barrage de questions hostiles qui pouvait durer plus d'une demi-heure, transformant le passage devant la presse en une épreuve du feu à la *Apocalypse Now* !

Clairement donc, il existe de bonnes façons de faire passer le message et de moins bonnes.

Mon collaborateur Richard Sharpe est britannique. Il est journaliste de très longue date et dirige depuis 30 ans une société de formations des entreprises aux Relations Presse, PRT (abréviation de Press Relation Training). Dans le cadre de ce livre, nous avons longuement échangé nos impressions. Nous avons notamment passé en revue toutes sortes de situations de Relations Presse que nous avions vécues et avons cherché à en tirer des enseignements. En tant que directeur de la société PRT, Sharpe avait déjà identifié de nombreux points clés liés à cette activité et disposait déjà d'une énorme matière sur ce thème. Il manquait toutefois quelques clés fondamentales qui s'appliqueraient à l'ensemble du sujet.

Au fond, qu'est ce qui différencie un bon communiqué d'un mauvais, une conférence de presse réussie d'une autre où nous nous étions ennuyés, qu'est ce qui caractérise les entreprises ou personnalités douées pour la communication auprès des médias de celles qui le sont moins ?

Nous avions à notre actif des dizaines et dizaines de faits ou anecdotes que nous avions vécus ou observés en tant que journalistes et qui semblaient dessiner des règles, des listes de choses à faire et ne pas faire. Pouvait-on identifier un ou plusieurs dénominateurs communs au sein d'un tel creuset ?

Au fil des jours, la lumière a jailli.

Si les méthodes de communications vers les médias sont diverses (communiqué, conférence de presse, participation à un salon...), elles reposent toutes sur trois facteurs essentiels qu'il faut comprendre et avoir sans cesse à l'esprit - ils sont décrits au chapitre 2.

Ces trois fameux principes que nous avons isolés représentent le caractère unique du présent livre. Ils s'appliquent en France comme en Angleterre et s'appliqueraient tout autant à Tokyo, à Sidney ou à Mexico. Quelle que soit l'action de Relation Presse envisagée, il est possible d'évaluer son efficacité en rapport avec l'un ou plusieurs de ces 3 facteurs. En clair, nous n'avons pas là des principes liés à la culture française ou anglo-saxonne. Ils sont universels.

Les Relations Presse constituent une science précise, avec ses règles, ses codes et ses petits détails qui font toute la différence. Tout comme la musique repose sur des lois d'harmonie et de mise en relation des notes, tout comme la conduite automobile suppose de respecter le code de la route, les Relations Presse englobent un ensemble de techniques visant à assurer une transmission efficace de votre message aux journalistes afin qu'ils le relayent au public selon leur propre talent d'écriture.

Ce livre entend clarifier ce que sont les ingrédients d'une Relation Presse efficace en faisant mieux percevoir ce qu'attendent de vous ceux dont le métier consiste à servir de relais auprès du grand public : les journalistes.

Pour prendre une image familière à celui qui dirige une entreprise, les journalistes sont les consommateurs des Relations Presse. Et puisque le client est roi, il importe de leur fournir le service adapté à leur besoin.

Tel est le sujet abordé dans ce livre. Il entend vous aider à prendre le recul nécessaire pour faire passer votre message afin qu'il soit relayé comme souhaité.

Ce livre s'adresse à n'importe quel cadre ou dirigeant d'une entreprise ayant une mission liée à la communication vers les médias, à n'importe quel artiste désireux de se faire connaître.

Si vous débutez dans les Relations Presse ou si pensez à embaucher un responsable d'une telle activité, ces informations sont vitales. Si vous êtes un professionnel du domaine, il est probable que vous découvrirez pourquoi certaines actions ont magnifiquement fonctionné et d'autres non.

Si certains vétérans des Relations Presse lisent ce livre, ils seront peut-être surpris de l'approche qui a été prise ici. Ils seront même parfois étonnés par certaines suggestions proposées.

Rappelons que ce métier est ici perçu depuis le point de vue de son principal consommateur : le journaliste lui-même. C'est en ce sens qu'il apporte un regard original sur la chose, fondé sur du vécu et des observations précises.

Au fond, ce livre aimerait vous entretenir d'un **plaisir**, celui consistant à entretenir de bonnes relations avec des messagers. Les journalistes ne font que relayer un peu de ce qu'ils ont perçu, goûté, appréhendé.

Les points essentiels à retenir ici sont les suivants :

. C'est à l'entreprise ou à l'individu qu'il appartient de faire en sorte que le message véhiculé soit optimal.

. Il importe de communiquer de la manière adéquate à la population des journalistes, afin qu'ils relayent au mieux votre message.

. Il est très rare que les dirigeants ou techniciens d'une entreprise sachent le faire.

. Les Relations Presse couvrent un ensemble de méthodes destinées à faire passer au mieux le message aux journalistes, afin qu'ils parlent d'une entreprise ou d'un individu et de sa production.

La bonne nouvelle, c'est que les journalistes ont besoin des Relations Presse ! De Relations Presse efficaces…

2 Attention, affection et changement remarquable

Trois points essentiels synthétisent la globalité du métier des Relations Presse, de ce savoir-faire.

Chaque action effectuée, qu'il s'agisse d'un communiqué, d'une conférence de presse, d'un déjeuner ou d'un simple contact téléphonique a un impact sur nous-mêmes en tant que journalistes.

Il en résulte un changement d'attitude envers la société ou l'individu qui tentait de communiquer vers nous.

Les deux premiers facteurs essentiels de la relation presse sont :

- l'attention,

- l'affection.

Il existe un troisième facteur essentiel, qui concerne le moment opportun où l'entreprise doit communiquer et qui est développé plus loin : le **changement remarquable**.

L'attention

Pour obtenir des articles de presse, une société ou une personnalité doit réussir à capter l'**attention** du journaliste. En d'autres termes, elle doit parvenir à exister dans l'esprit du rédacteur.

Certains emploient le terme anglo-saxon de "mind share" qui signifie que l'on parvient à occuper une place dans l'esprit des gens. À un moment donné, une entité dispose d'un **capital d'attention** auprès des médias et celui-ci va avoir une première influence sur le volume d'articles obtenus.

Il est facile d'en juger par vous-même. Si l'on évoque un sujet tel que les guitaristes de rock, certains noms vous viennent immédiatement à l'esprit, que vous appréciez ou non ce type de musique : Jimi Hendrix, Eric Clapton, Joe Satriani, Jimmy Page…

Si l'on parle de footballeurs, des noms aussi variés que Cristiano Ronaldo ou Diego Maradona surgissent aussitôt.

Sur un sujet tel que le dessin animé japonais, des films tels que *Princesse Mononoké* ou *Le Voyage de Chihiro* vont spontanément apparaître quand bien même vous ne les auriez pas vus.

De telles personnalités, de telles œuvres sont parvenues à exister dans l'esprit de la plupart des gens. Si n'importe lequel d'entre vous devait rédiger dans l'heure un court exposé sur l'un des trois thèmes évoqués ici, il citerait communément de tels noms.

Nous pouvons donc en déduire que ces personnes ou œuvres ont réussi à gagner une attention suffisante auprès du grand public pour exister en tant que tels. En revanche, un guitariste de rock estimé par les connaisseurs, tel que Robin Trower, sera rarement cité.

Ce capital d'attention est la toute première chose qui est attendue d'une activité de relation presse.

Si ce travail a bien été mené, la marque ou la personnalité correspondante existe dans l'esprit des gens - et pour ce qui nous concerne ici, dans celui des journalistes.

Si une maison de disque annonce qu'un enregistrement jusqu'alors inconnu de Jimi Hendrix a été retrouvé et que le CD correspondant va sortir, un grand nombre de journalistes lui accorderont une importance. Si le même fait concernait un autre guitariste de génie de la même époque, tel Robin Trower, il passerait pour l'essentiel inaperçu.

La mission initiale d'une activité de relation presse consiste donc à bâtir un **capital d'attention** auprès des médias. Elle implique de faire connaître une marque ou un individu et de faire en sorte qu'il acquière une existence à leurs yeux.

Un journaliste reçoit quotidiennement un très grand nombre d'informations. Instinctivement, il va accorder un plus grand intérêt aux marques ou personnages qui lui apparaissent comme importantes.

S'il doit traiter des actualités d'un domaine, il va privilégier, de manière inconsciente, les nouvelles concernant les noms qui lui sont le plus familiers.

S'il écrit un article général sur un sujet tel que les smartphones, il citera spontanément des acteurs tels que Apple, Samsung ou Nokia parce que ceux-ci sont très réels pour lui, paraissent incontournables. Inversement, si un constructeur ne dispose pas d'un capital d'attention suffisant, il se peut que le journaliste omette d'en parler ou n'estime pas nécessaire d'informer les lecteurs à son sujet.

Les relations presse ont pour premier objectif d'améliorer le capital d'attention que les médias entretiennent à propos d'une entreprise ou d'une personnalité.

Une fois qu'un tel principe a été posé, nous pouvons juger de l'impact de n'importe quelle action de relations publiques à partir de l'évolution d'un tel facteur.

Prenons l'exemple d'une conférence de presse. Imaginons qu'une société ayant acquis un début de notoriété réunisse les membres des médias afin d'annoncer la sortie d'un nouveau concept de service, importé du Japon...

Lorsque le journaliste arrive sur le lieu de la conférence, il dispose d'une attention ouverte symbolisée par ce smiley. Il est venu pour apprendre des choses sur la société qui l'invite et clairement, il est de son intérêt de trouver de telles informations : elles constituent la matière de son travail.

Ce jour là, la conférence démarre par le discours d'un PDG qui énonce des banalités d'une voix monotone :

« Nous sommes une entreprise de service qui a vu le jour en 2016 et dont les capitaux initiaux ont été apportés par un ensemble de fonds de capital-risque, avec le soutien d'une grande banque d'investissement néerlandaise, la Hansen… »

Hm… Où veut-il en venir ? De quoi veut-il nous entretenir au juste ? Il se peut qu'après quelques minutes, l'attention du journaliste commence à devenir un peu distraite.

Imaginons que ce discours d'introduction dure un peu trop longtemps (voilà vingt minutes qu'il a commencé) et qu'il demeure très éloigné du thème principal de la conférence.

L'attention commence à aller et venir par intermittence et ne saisit que quelques bribes : « … tentatives de diversification dans le domaine des matières plastiques ne se sont pas immédiatement concrétisées, en raison de la crise financière qui a frappé le marché asiatique… », « … résisté à une OPA qui aurait eu pour conséquence de faire passer l'entreprise aux mains d'une multinationale … », « … mené une enquête client dont nous attendons les résultats… ».

Comme nous le voyons sur l'image plus haut, l'attention baisse encore d'un cran. Concrètement, le journaliste marque des signes de nervosité, il feuillette le dossier de presse, se ressert du café. Au fait, c'était quoi le thème de la conférence. D'étranges idées lui passent par la tête : c'est bizarre que ce type ait choisi une cravate de cette couleur avec son costume…

Ouf ! Le PDG a terminé son discours. Mais voici qu'un jeune cadre britannique lui succède. C'est une entreprise du Royaume-Uni qui a été la première à importer ce concept japonais et il va nous entretenir des résultats obtenus dans sa contrée. Hmm... Cela pourrait être bien intéressant. Le hic, c'est que le responsable de la presse n'a pas prévu de faire venir un traducteur. Or l'intéressé, emploie des mots truffés d'abréviations bizarres. Le QCB c'est quoi au juste ?

Très vite, le journaliste est « largué ». Il entend une espèce de bruit indistinct proféré par un personnage certes enthousiaste mais dont le discours est inintelligible. Cette fois, le capital d'attention commence à se réduire dangereusement et bien des journalistes regardent leur montre, réfléchissent à ce qu'ils doivent faire aujourd'hui...

Manque de bol, le britannique est un bavard. Voilà une demi-heure qu'il parle ainsi. C'est normal : il y croit dur comme fer à son concept.

Le souci c'est que l'on n'y comprend toujours rien. Certains journalistes ont déjà quitté les lieux. Ceux qui sont demeurés sur place s'ennuient, certains admirent les dorures du plafond, d'autres discutent nonchalamment avec leurs confrères.

Comme l'indique ce smiley, le capital d'attention qu'ils étaient prêts à donner est devenu quasi nul !

Au bout de 45 minutes de telles palabres, alors qu'il ne reste plus qu'une moitié des journalistes dans la salle, l'entreprise qui a convié les journalistes entre enfin dans le vif du sujet. Une jeune femme brune entame un discours clair et convaincant, concernant ce nouveau type de service importé du Japon.

À partir de ce moment précis, l'attention du journaliste se ravive quelque peu, mais pas totalement, comme le montre ce smiley.

Ils ont été comme assommés par ces discours qui ont paru fastidieux ! Seule une maigre partie du message essentiel de la conférence leur parvient réellement. Et comme leur esprit est un peu nébuleux, ils peinent à comprendre l'intérêt du nouveau concept annoncé.

Le bilan d'une telle conférence de presse serait négatif. Le capital d'attention sort amoindri de l'action qui a été entreprise. Lors de la réception ultérieure d'un communiqué de cette société, le journaliste n'y accordera qu'un crédit minimal. S'il est à nouveau convié à une conférence par ces mêmes gens, il se peut qu'il décline l'invitation.

Une conférence de presse réussie aurait l'effet inverse, symbolisé par cette image : une attention accrue.

Le journaliste voudrait en savoir plus sur ce produit, sur cette société, sur ses dirigeants. Et le plus incroyable, c'est que l'entreprise évoquée ici aurait obtenu ce résultat si elle s'était contentée de faire parler la charmante personne qui n'est intervenue qu'au final !

Il existe maints exemples de communicants ayant le don d'accrocher une audience. Parmi les personnalités publiques, des gens tels que l'écologiste Nicolas Hulot, l'acteur Dany Boon, les humoristes Laurent Gerra ou Florence Foresti parviennent aisément à captiver l'intérêt. S'ils s'expriment, l'attention est aisément attirée par ce qu'ils ont à dire.

Tout au long des sections qui vont suivre dans ce livre, nous mettrons en exergue l'influence d'une action de relation presse sur ce **capital d'attention** en affichant en regard de celle-ci, l'une des images ci-dessus.

Accroître l'attention des médias est la première tâche des relations presse.

L'affection

Le deuxième facteur essentiel des relations presse est donc ce que nous appelons le capital **affection**. Est-ce que l'on vous aime ou non ?

Une société ou une personnalité peut disposer d'un très fort capital d'attention. Ainsi, en politique, certains leaders récoltent une grande couverture médiatique dès qu'ils s'expriment. Le problème, c'est que les articles correspondants sont immédiatement assortis de vertes critiques à leur égard.

Le ton est à peu près le suivant : « comment a-t-il pu dire cela ? », « a-t-on le droit d'agir ainsi lorsque l'on est une personne responsable ? », etc.

Ainsi donc, s'il est clair qu'un capital **attention** élevé va engendrer un grand nombre d'articles de presse ou de passages télévisés, il manque un ingrédient. Une société ou un individu souhaite que de tels reportages chantent ses louanges. Si un nouveau produit est lancé et qu'il récolte une centaine d'articles, il est désirable que ces comptes-rendus soient positifs, ou tout du moins rédigés dans un style amical.

Nous obtenons donc là la deuxième mission des Relations Presse.

Les relations presse ont pour second objectif d'améliorer le capital d'affection entretenu par les médias à l'égard d'une entreprise ou d'une personnalité.

Un journaliste démarre généralement sa relation avec une entreprise avec une affection médiane symbolisée par ce « smiley » : il est encore neutre à son sujet. Il aura parfois des a priori, mais le plus souvent, il n'aura pas de position précise. Une nouvelle société l'a contacté et ses dirigeants désirent lui montrer leur création. L'attaché de presse s'est montré jovial au téléphone, le projet mené paraît original, le rendez-vous a été pris dans un endroit agréable… Mais le reporter demande à voir.

L'action de relation presse est réussie si elle aboutit à une plus grande **affection** pour l'entreprise ou les individus qui la composent. Le « smiley » présenté ici traduit une telle montée d'affection. Le journaliste a été séduit par le produit, il a apprécié l'humour des deux types qui ont fait la démonstration, lui et le PDG se sont découverts de nombreux points communs lors du déjeuner…

Inversement, toute action de relations presse amenant chez le journaliste une moindre **affection** (ce que symbolise cet autre « smiley ») pour l'entreprise sera considérée mauvaise.

Une telle baisse d'affection peut être due à une attitude arrogante de la part des cadres dirigeants, des déclarations jugées infondées, l'envoi excessif de communiqués de presse, etc.

En fonction de ce facteur (croissance ou baisse de l'affection), il sera possible de déterminer un degré de succès ou d'échec de l'action de Relations Presse effectuée.

Le **capital d'affection** est déterminant. Même le plus impartial des journalistes ne pourrait éviter de faire intervenir ce facteur dans son jugement. Lorsqu'une entreprise annonce un nouveau produit, elle va bénéficier d'un meilleur traitement au niveau des termes choisis pour l'évoquer si elle est appréciée des journalistes.

Vous voulez voir commence cela fonctionne ? Voici un exemple immédiat. Imaginons qu'une société belge vendant des articles de sport s'installe en France et qu'elle se présente à vous dans ces termes :

"Vous en avez assez des amateurs ? De tous ces gens méprisable qui vous vendent des articles d'une qualité déplorable à prix fort ? Vous êtes constamment déçu par les produits de sport que vous achetez près de chez vous ? Réjouissez-vous ! Pour la première fois, un vrai professionnel du domaine s'installe en France. La qualité de nos articles est sans commune mesure avec tout ce que vous avez pu essayer jusqu'alors ! Mieux encore, vous serez bluffés par nos prix. Vous n'avez jamais vu cela. Une fois que vous aurez mis les pieds dans nos magasins, vous n'irez plus jamais ailleurs. Il était temps qu'un 'pro', une marque qui connaît son affaire débarque dans le domaine de l'article sportif. Notre pari est d'ailleurs clair : nous sommes certains de faire mordre la poussière à toutes les marques actuelles du domaine en l'espace de 2 ans. Et oui, nos concurrents ont bien du souci à se faire ! "

Quelle est votre réaction en lisant cela ? N'avez-vous pas l'impression que celui qui s'exprime ainsi est un infâme vaniteux ? Auriez-vous réellement envie d'aller acheter une tente de camping dans une enseigne qui communiquerait ainsi ? Probablement non. La simple lecture de ces lignes aura fait chuter le capital d'affection !

Imaginons une autre forme de communication, plus respectueuse du public visé :

"Nous avons séduit des millions de sportifs belges par la qualité de nos articles. Mieux encore : notre succès est venu du bouche à oreille qu'ils ont spontanément fait à notre égard. Si le cœur vous en dit, la prochaine fois que vous comptez acquérir une bicyclette ou une raquette de tennis, faites un détour par nos magasins. Durant le mois de lancement, vous serez accueilli par un cadeau personnalisé, libre de tout achat ! "

Est-ce que l'affection ne remonte pas aussitôt ? Vous sentez-vous mieux disposé envers ce nouvel arrivant ? Or, il s'agit de la même entreprise et seul le message a changé !

Le responsable des Relations Presse doit s'acharner à faire croître ce **capital d'affection** et il dispose pour ce faire d'un grand nombre d'outils : déjeuner de presse convivial, capacité à répondre rapidement aux demandes du journaliste, événement agréable organisé lors d'un lancement…. Une entreprise qui réagit de façon honnête et ouverte lors d'un incident de parcours (comme la sortie qu'un produit défectueux) va améliorer ce capital affection ou tout au moins limiter fortement sa potentielle érosion.

Si l'entreprise est parvenue à bâtir un **capital d'affection** important, elle peut se sortir indemne de certaines bourdes, là où d'autres seront fustigées au moindre faux pas.

Dans ce livre, nous analysons chaque action de relation presse à cette aulne de l'accroissement ou de la baisse de l'**affection**. Tout au long des sections qui suivent, nous mettrons en exergue cet effet en affichant en regard de l'action entreprise, l'une des images ci-dessus montrant si l'affection progresse ou décroît.

<u>Un changement remarquable</u>

Obtenir et accroître l'**attention** et l'**affection** des médias est le travail continu des relations presse. Ces deux facteurs doivent être entretenus de façon régulière par des actions diverses, qui ne sont pas forcément liées à un événement donné.

L'objectif recherché, c'est que cette **attention** et cette **affection** se trouvent à leur zénith au moment où l'entreprise a quelque chose à communiquer.

Il reste en effet à définir un troisième point : <u>quand faut-il communiquer à un journaliste ?</u>

Ce qu'il faut comprendre ici et adopter comme une base de travail permanente, c'est que les journalistes reçoivent TROP d'informations.

Si le journaliste traite des actualités d'un domaine, il peut couramment recevoir une cinquantaine de communiqués de presse par jour, alors qu'il supervise une section du journal dans laquelle ne sont relatés qu'une vingtaine d'événements par mois. S'il recense les nouveautés en matière de jeux vidéo, il va être sollicité par une centaine d'annonces alors qu'au sein de sa rubrique, il ne peut parler que de 8 d'entre eux. Bref, le journaliste ne pourra accorder son intérêt qu'à un petit nombre de ceux qui les sollicitent. Il importe donc de gérer les relations presse de façon à taper autant que possible dans le mille.

La substance de la plupart des magazines tourne autour d'un leitmotiv : "Quoi de neuf ?" Le journaliste n'a pas pour mission de rendre compte de tout ce qui s'est passé dans un domaine. Il est là pour divertir le lecteur, lui faire découvrir des choses inattendues, insolites, apporter un scoop, un nouveau point de vue.

Ce qui intéresse donc le journaliste, c'est l'annonce d'un **changement remarquable**.

En voici quelques exemples :

.	un produit particulièrement innovant,

.	une baisse de prix de 50 % sur une gamme jusqu'alors inaccessible au grand public,

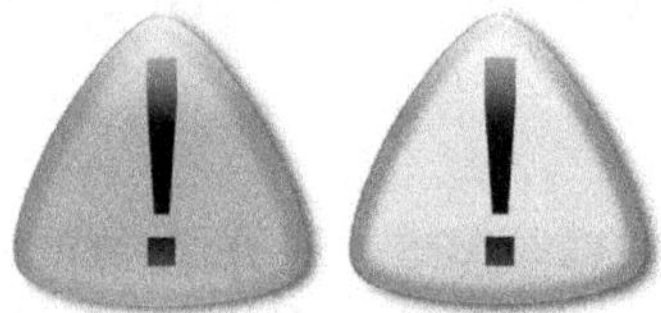

. un ancien ministre prend la tête d'une très grande entreprise française,

.	une récompense rarissime décrochée par un produit français lors d'une cérémonie de rayonnement international,

Là encore, nous utilisons des images pour symboliser ce facteur de **changement remarquable** et vous les retrouverez au sein du livre.

Inversement, la plupart des journalistes considéreraient que les faits suivants ne sont pas suffisamment remarquables pour mériter leur intérêt :

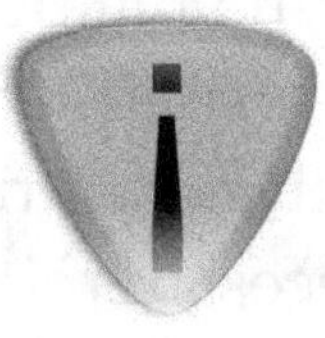

. une baisse de prix de 10 % sur la période de Noël,

. une récompense mineure décrochée par un produit,

. un nouveau directeur financier nommé au sein d'une entreprise,

. un nouveau produit pour l'essentiel identique au précédent, avec juste quelques nouvelles fonctions,

En matière de DVD vidéo, la sortie d'un énième long métrage d'Hitchcock sous ce format et dépourvue de bonus ne consisterait pas un changement remarquable. Elle ne nécessiterait pas de déplacer les journalistes pour une conférence en presse.

Imaginons en revanche que les films du comique Harold Lloyd sortent demain en Blu-Ray. Il y aurait clairement là un changement remarquable, une actualité forte permettant au journaliste de rebondir selon plusieurs angles. En effet, jusqu'à présent, la famille de cet acteur s'est opposée à la sortie de tels films en vidéo. Qu'est-ce qui a pu les faire changer d'avis ? Dans la mesure où de tels films n'étaient pas réédités, y-a-t-il là des séquences que personne n'a jamais vues ? Les pellicules ont-elles dû être restaurées ? Il est probable qu'une telle nouvelle pourrait devenir l'actualité du mois.

Résumons-nous.

Le travail des relations presse consiste à développer l'attention et l'affection des médias afin d'obtenir une couverture maximale et positive au moment où l'on annonce un changement remarquable.

Nous avons ici la formule des relations presse et les diverses sections et chapitres de ce livre vont s'appliquer à détailler les éléments d'une telle formule.

Relations presse : 10 choses à ne pas faire...

Afin de rendre plus concrets les principes énoncés plus haut, nous allons évoquer une série de principes de base de la relation presse.

Ils apportent d'ores et déjà une liste type d'actions efficaces ou inefficaces en matière de Relation Presse.

Commençons par des exemples de ce qu'il vaudrait mieux ne pas faire.

<u>Ne confondez pas les clients et les journalistes</u>

Certaines entreprises accoutumées aux techniques de ventes, tentent d'utiliser celles-ci sur un public de journalistes. Ils cherchent donc à imposer leur produit en écartant une à une les objections qui pourraient être soulevées, avec des arguments visant à réduire à néant l'opposition.

Une telle méthode n'est pas appropriée à un public de journalistes. Ceux-ci préfèrent glaner leurs informations auprès de plusieurs sources et opérer leur propre synthèse, leur propre jugement. Au sein d'un magazine, le lecteur s'attend à ce qu'un produit soit mis en perspective par rapport à ses concurrents.

Imaginons qu'au cours d'une conférence de presse, un journaliste soulève la question suivante : " Votre concurrent, ZZZ, n'a-t-il pas sorti un produit similaire il y a deux mois ?"

Une réponse de type "technique de vente" consisterait à répliquer :

- De ce que j'ai appris, ZZZ serait sur le point de licencier 300 personnes. À mon avis, ils ne passeront pas l'hiver. Ceux qui achètent leur produit le font à leurs risques et périls. Il ne faudra pas qu'ils se plaignent s'il n'y a plus personne pour assurer le service après-vente.

Une telle attitude serait mal perçue par le journaliste. Une réponse plus diplomate serait de dire, d'une façon légère :

- Parfois ZZZ nous devance, parfois aussi c'est nous. À vous de juger quel est le meilleur produit des deux.

Dans un même ordre d'idée, il faut à tout prix éviter de faire venir à une même conférence, les forces commerciales et les journalistes.

Le discours destiné aux premiers (décrocher des ventes coûte que coûte !) sera mal perçu par les seconds.

Et bien évidemment, il ne faut jamais adresser à un journaliste un document destiné aux forces de vente !

<u>N'attendez pas du journaliste qu'il partage les valeurs de votre entreprise</u>

Les journalistes, en particulier les "freelance", ont la chance de pouvoir vivre d'une manière assez détendue.

Leur mode de vie usuel ne les oblige pas à porter de costume ou même à faire d'effort particulier au niveau vestimentaire. Il se peut que certains arrivent légèrement en retard à un rendez-vous. Certains entrepreneurs peuvent se sentir en décalage avec une telle population. Pourtant, le leur faire sentir serait un mauvais calcul.

Parfois, il pourra sembler que le journaliste manque de "bonnes manières". Il ne s'est pas déplacé lors de l'invitation à une fête que vous avez organisée. Il a écourté la conversation alors que vous l'avez appelé vous-même pour lui faire part d'un scoop potentiel.

Il se trouve simplement que le journaliste est souvent pressé. Il est courant qu'il ait un papier à remettre dans les heures qui suivent à sa rédaction. Lorsque tel est le cas, il vit "contre la montre" et ne sera généralement pas disponible pour quoi que ce soit d'autre. Le journaliste doit répondre à son rédacteur en chef et ce dernier est par nature impatient d'obtenir les articles qui lui sont dus !

Ne jamais dire du mal d'un produit que le journaliste est susceptible de maîtriser

Si vous dénigrez un produit concurrent du vôtre, et que le journaliste est un expert de ce produit, tout se passe comme si vous l'attaquiez personnellement. Votre capital d'affection va donc en souffrir à plusieurs égards.

Il est aisé de comprendre ce qui se passe ici. Imaginons que quelqu'un critique l'automobile que vous utilisez jour après jour, le village où vous êtes né, un auteur dont vous avez lu la plupart des livres…

Instinctivement, vous êtes tenté d'en prendre la défense, parce que, à un certain niveau, il s'en prend à une chose qui vous est proche.

Si le journaliste se sert d'un produit donné de manière régulière, il a développé une familiarité à son propos. Il sera donc tenté de le soutenir. En réalité, la chose va plus loin.

Un journaliste est fier de sa compétence et il aime en faire état - apparaître comme un spécialiste est un statut prisé, notamment dans la presse spécialisée. Donc, en attaquant un produit qu'il connaît bien, vous lui donnez l'occasion de faire état de son expertise. Si le journaliste se trouve en présence de confrères, il ne ratera pas cette occasion d'assumer sa position d'expert en vous attaquant de façon détaillée sur votre propre produit.

De façon générale, attaquer un article concurrent est contre-productif. Il est nettement préférable de consacrer votre temps de communication à vanter les mérites de vos propres produits. Le journaliste est venu vous voir pour découvrir ce que vous avez à dire. Toute minute passée à parler d'autres produits et à risquer d'éventuelles contre-attaques est autant d'attention perdue.

Dénigrer une société concurrente est une pratique tout aussi risquée, qui risque de réduire votre propre capital d'affection et d'attention. La pire des pratiques est celle qui consisterait pour un manager à éreinter une société dans laquelle il a travaillé auparavant. Elle fait naître le sentiment suivant dans l'esprit du journaliste : "se pourrait-il qu'il me dise les mêmes choses sur son entreprise actuelle dans quelques années ?..."

Par ailleurs, si un manager dénigre un concurrent qui traverse une situation difficile, le journaliste a pour réflexe de défendre celle-ci - après tout, cette entreprise jouit peut-être d'un grand capital d'affection auprès de ce rédacteur.

Ne faites jamais référence à la publicité

Il est indubitable que les magazines vivent avant tout de la publicité - les journaux tels que *Le Canard Enchaîné* dont l'économie repose uniquement sur le nombre de lecteurs sont des exceptions. La plupart du temps, ce sont les "pages de pub" qui assurent la survie du magazine.

Il est en ainsi et pourtant, les journalistes ont horreur qu'on le leur fasse remarquer. Une déclaration telle que "nous avons acheté 5 pages de pub dans votre magazine / nous avons placé une publicité sur votre site Web" sera généralement mal vécue.

Le journaliste veut croire qu'il dispose d'une liberté dans son expression (ce qui est pourtant loin d'être vrai) et va mal vivre ce qui lui pourrait apparaître comme une tentative d'influer sur cette indépendance.

Ne dérangez pas un journaliste si l'enjeu n'en vaut pas la chandelle

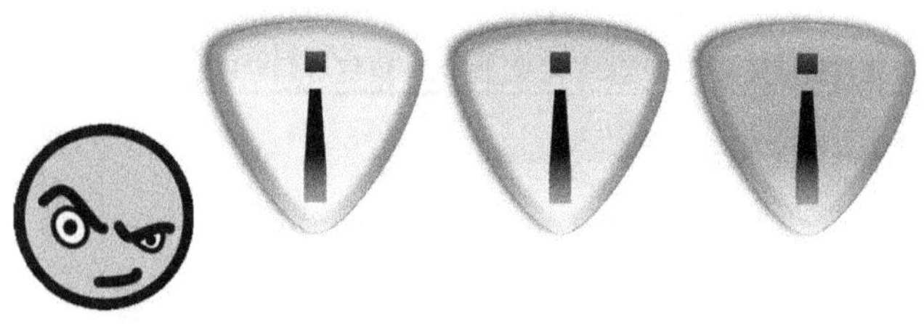

Si le journaliste est convié à un voyage de presse ou même à une simple conférence dans un endroit un peu éloigné, il est préférable qu'il y ait au bout du compte une annonce d'envergure.

S'il a la sensation de s'être déplacé pour rien, il reviendra bredouille et le bilan sera donc négatif de part et d'autre. S'il est salarié dans un magazine, le rédacteur en chef n'appréciera pas qu'il se soit absenté sans rapporter quoi que ce soit d'intérêt pour le journal.

La chose est également vraie au niveau d'autres types d'actions de Relations Presse. Si une personnalité n'est pas un bon "communiquant", ne cherchez pas à tout prix à lui faire rencontrer la presse !

Ne pas "dicter" au journaliste ce qu'il doit écrire

Lors d'une interview, il ne faut jamais dire à un journaliste :

"vous devriez écrire cela,"

"pourriez-vous indiquer dans votre article que nous travaillons nous aussi sur cette technologie… ", "je serais fâché si omettez vous de citer dans votre article que nous sommes les inventeurs du procédé X...",

etc.

Il faut s'abstenir de toute phrase de ce genre. Il n'y a rien de tel pour agacer un journaliste que de lui donner l'impression qu'il n'est pas le juge en dernier ressort de ce qu'il va écrire.

Si vous désirez qu'un message soit retransmis, faites en sorte que le journaliste en perçoive lui-même la portée. Mais sachez garder du recul en la matière : ce qui paraît important à vos yeux n'est pas forcément perçu dans une même perspective par le journaliste.

Quoiqu'il en soit, il est déconseillé de lui suggérer d'intégrer quoi que ce soit dans son article. À chacun son métier !

Ne donnez pas au journaliste des armes pour vous battre

Si un responsable d'une activité semble éviter un sujet particulier, s'il se moque d'une société concurrente qui traverse une mauvaise passe, il prête le flanc à de potentielles attaques. Il importe donc d'éviter toute déclaration de ce type.

Le journaliste n'est jamais qu'un point de relais entre l'information que vous désirez transmettre et le lecteur du journal. En tant que tel, il n'est pas acquis à votre cause et chaque déclaration malheureuse peut faire décroître le capital d'affection.

Si le responsable paraît vouloir éviter un sujet, le journaliste aura plaisir à prendre la défense du lecteur qui selon lui, veut en savoir plus sur ce point.

Celui qui prend le risque de déformer les faits met en péril le capital d'affection qu'il a pu constituer. Lorsque le journaliste découvre que les faits ont été maquillés ou déformés, il aura plaisir à assumer le rôle du chevalier blanc, qui rétablit la vérité.

<u>Evitez les "accroches" à rallonge</u>

Certains attachés de presse aiment utiliser la technique consistant à faire monter la sauce.

Le journaliste reçoit soit par email, soit par courrier, une série de messages laissant entendre qu'une annonce majeure va bientôt tomber. Cela peut se poursuivre durant une semaine ou plus.

Il pourrait sembler qu'une telle méthode soit bénéfique puisqu'elle accroche l'attention du journaliste, en le plongeant dans le mystère. Pourtant, le plus souvent, cette approche sera mal vécue. Le journaliste reçoit déjà un trop plein d'informations et de telles "accroches" sont perçues comme une perte de temps. Et tout ce qui fait perdre du temps aux journalistes est à éviter.

Ne faites jamais sentir au journaliste ses failles

Parfois, lors d'une interview ou d'une conférence de presse, un journaliste va trahir une certaine méconnaissance du sujet, par des questions inappropriées.

La tentation pourrait être forte de le lui faire sentir, devant ses confrères. Or, le plus souvent, c'est un sentiment de solidarité entre journalistes qui prévaut. Il est donc préférable de manifester du respect et de lui répondre le plus courtoisement possible.

Ne jamais réagir négativement à un mauvais article

Si un journaliste s'est montré négatif vis-à-vis d'un produit ou d'une société, la tentation peut être forte de le lui faire remarquer d'une manière véhémente. Les conséquences peuvent pourtant être ennuyeuses au niveau de l'affection et de l'attention. Il est donc préférable de ravaler son dépit, ou bien, si vous appelez le journaliste, de prendre la chose avec humour.

Ce sujet est si important qu'il occupe la majeure partie d'un chapitre ultérieur, consacré aux façons optimales de réagir à un article.

Relations Presse : 10 choses qu'il peut être bon de faire...

Voici une dizaine d'actions que les journalistes apprécient. Là encore, elles seront explicitées avec plus de détails dans les chapitres qui suivent. Elles permettent avant tout de mieux clarifier les concepts de l'**attention**, de l'**affection** et du **changement remarquable**.

Facilitez la vie des journalistes

Si vous désirez que le journaliste vous apprécie, faites tout pour lui faciliter le travail. Au niveau des relations presse, cela pourrait se traduire de bien des façons et nous en aborderons un grand nombre au cours des chapitres suivants. Voici quelques exemples de telles actions :

. envoyez lui rapidement les photographies demandées. Si elles sont envoyées par courrier, n'exigez pas qu'il vous les renvoie,

. si vous l'avez invité à un salon, affrétez une navette pour venir le chercher à l'aéroport,

. s'il a besoin d'un matériel pour un test en dernière minute, d'un commentaire de dernière minute de la part du PDG, mettez-vous en quatre pour qu'il puisse aisément l'obtenir,

etc.

Un responsable des Relations Presse qui fait en sorte de servir rapidement et efficacement les journalistes va voir l'affection à son égard, et par ricochet, pour ceux qu'ils représentent, grimper rapidement !

<u>Montrez un réel intérêt pour les médias</u>

La presse, c'est la rivière dans laquelle baignent les journalistes. Il faut être capable de la comprendre, d'en parler. Il est bon d'avoir une connaissance du magazine ou du site d'information, de son positionnement, du type de lecteurs, de ce qu'ils ont écrit récemment…

Si le chef d'entreprise manque du temps nécessaire pour entretenir une telle connaissance, le responsable des Relations Presse peut lui transmettre l'essentiel de ces informations.

Si vous manifestez un intérêt pour le domaine d'activité du journaliste ou du magazine, il sera tenté en retour de montrer un intérêt pour le vôtre.

Lorsque vous préparez à lancer un produit important, le rédacteur en chef du magazine sera sensible au fait que vous l'appeliez afin de connaître ses dates de bouclage, les dates auxquelles il serait utile de lui fournir des produits en pré-test afin de cadrer avec ses échéances.

Avant d'approcher une publication en vue de leur présenter un produit ou une annonce, il est essentiel de vérifier que ce magazine traite habituellement de ce type d'information.

<u>Mesurez votre communication</u>

Il vaut mieux déranger les journalistes une fois tous les six mois avec l'annonce d'un **changement remarquable** que de les importuner régulièrement au sujet de non événements.

Certaines des sociétés les plus respectées de leur secteur communiquent peu mais d'une façon extrêmement efficace.

Discours humble et mesuré

L'honnêteté est la qualité la plus importante que doit manifester un chef d'entreprise ou tout porte-parole. Tenter de survendre une histoire est le plus souvent vain. Les journalistes seront plus sensibles à une approche mesurée et professionnelle.

Si vous vous présentez de façon humble, si vous tenez des propos modérés, le journaliste peut développer plus aisément une sympathie à votre égard. Mieux encore, certains ont à cœur d'aider de petites entreprises ou activités à se faire connaître - il leur arrive de s'en vanter ! Par conséquent, une attitude modeste est toujours préférable.

Répondez lorsqu'ils viennent à vous

Si un journaliste veut vous interviewer, revenez rapidement vers lui. Montrez-vous disponible, quand bien même votre emploi du temps serait chargé. Au pire, faites-lui savoir que vous n'êtes pas immédiatement libre et indiquez-lui à quel moment vous le serez.

Attendez-vous à ce qu'ils viennent vous chercher à la dernière minute, car bien souvent, ils travaillent dans l'urgence en vue de terminer un article dans les heures qui suivent. Mais telle est la règle du jeu ! S'ils savent qu'ils peuvent aisément compter sur vous pour produire un commentaire à chaud lorsque se produit un événement, les journalistes n'en seront qu'encouragés à vous appeler encore et encore !

Soyez capable de parler d'autre chose que de vous-même

Un dirigeant d'entreprise capable de s'exprimer sur des sujets divers, autres que ce qui concerne sa société, va générer un réel intérêt de la part du journaliste. En agissant ainsi, il est susceptible d'accroître le capital d'affection car il est probable que le manager comme le journaliste puissent découvrir des sujets sur lesquels ils entretiennent une passion ou un intérêt commun.

Émailler son discours d'anecdotes

Les anecdotes ont ceci de bon qu'elles marquent un auditoire et sont faciles à mémoriser. Elles accentuent le côté humain d'une entreprise ou de ses dirigeants. Parfois, c'est la seule chose que retiennent les journalistes à la suite d'une conférence de presse !

<u>Capacité à dire du bien de ses concurrents</u>

Pour un chef d'entreprise habitué à entraîner ses forces de ventes à attaquer les concurrents par tous les moyens, la capacité à en parler de façon élogieuse pourrait sembler anti-naturelle. Pourtant, le journaliste ne fonctionne pas à la manière des commerciaux. Pour lui, un fait est rarement isolé. Un produit, une annonce, une entrée en Bourse ou autre événement sont forcément comparés à d'autres faits du même ordre.

Lorsqu'un chef d'entreprise est capable de lâcher ici ou là quelques compliments sur le travail accompli par un concurrent, il gagne l'image d'un leader de grande envergure, capable d'observer sereinement le marché et suffisamment "grand" pour développer un point de vue détaché. Le journaliste va donc lui accorder un plus grand respect et se montrer plus réceptif à ce qu'il a à dire.

<u>Soyez patient</u>

Un grand nombre d'actions de relations publiques peuvent ne pas avoir un impact immédiat, ce qui signifie qu'elles ne se traduiront pas immédiatement par des articles sur l'entreprise. Il importe de ne pas harceler le journaliste à cet effet et de continuer de faire grimper l'attention et l'affection. Au moment opportun, lorsque vous lui ferez part d'un **changement remarquable**, il est probable que cela se traduise par des articles de presse.

Si au bout d'un certain temps, votre travail de relation n'aboutissait pas par des articles, c'est qu'il y aurait sans doute un ou plusieurs facteurs à corriger.

<u>Réagir avec légèreté à un mauvais article</u>

Si vous savez faire preuve d'humour et manifester une attitude décontractée vis-à-vis d'un journaliste qui vous a traité de façon peu agréable, il se sentira plus à l'aise à votre égard. Après tout, il importe qu'il continue de parler de votre entreprise n'est ce pas ? Idéalement, si vous le rencontrez, vous pouvez lâcher une phrase légère du type "cela a été notre fête !...", un trait d'humour du type "combien vous ont donné nos concurrents ?" ou encore faire une réflexion sincère sur combien vous respectez la liberté de la presse.

Nous n'avons là que des exemples isolés d'activités de relations presse. Ce qui importe c'est que le message soit passé :

Les Relations Presse servent à faire monter le capital **attention** et le capital **affection** de l'entreprise ou de l'activité. Il s'agit d'une activité continue ou tout au moins régulière.

Si ces deux capitaux sont élevés, alors les relations presse obtiendront un impact maximal lors de l'activité ponctuelle que constitue l'annonce d'un **changement remarquable**.

3. Les Relations Presse sont un savoir-faire

S'il est une chose qui déroute habituellement les membres d'une entreprise, c'est que les Relations Presse constituent un savoir-faire à part entière. Un savoir-faire différent de la vente, de la gestion ou de la promotion. La façon d'opérer n'est pas du tout la même.

Idéalement, la fonction de Responsable Presse doit être confiée à une agence de relations publiques ou bien à un membre de l'entreprise spécifiquement affecté à cette tâche. Lorsqu'une entreprise est relativement jeune et ne compte que deux ou trois employés, son fondateur ou un collègue peut avoir à prendre en charge les Relations Presse. Mais il est rare que les membres d'une entreprise soient naturellement doués pour la chose.

Le dirigeant a pour mission de rassurer les investisseurs et motiver ses troupes de vente. Mais habituellement, il n'est pas intervenu directement dans la création des produits et il n'est donc pas toujours capable de communiquer ce qui fait le charme d'un nouveau moteur, d'une nouvelle technologie. Les vendeurs utilisent des techniques de persuasion et d'élimination des objections qui sont inappropriées à une audience de journalistes. Les créateurs des produits sembleraient plus indiqués pour faire passer le message, mais ils manquent souvent de recul et savent rarement trier les éléments importants ou non.

Si l'un des premiers employés d'une entreprise est amené à gérer les Relations Presse, il faut qu'il considère cette tâche comme une fonction séparée avec une approche et des méthodes spécifiques. En d'autres termes, il faut qu'il parvienne, temporairement au moins, à assumer une autre "peau", un autre rôle que celui qu'il tient habituellement.

La chose est tellement vraie qu'une des tâches attendues du Responsable Presse - comme nous le verrons plus bas - consiste à "éduquer" les autres membres de l'entreprise sur le métier spécifique des Relations Presse.

Voici pourquoi…

<u>Le Responsable Presse est un traducteur</u>

Au départ, trois acteurs entrent en scène dans la communication d'une société :

L'entreprise, avec sa culture, ses produits, sa façon de voir les choses[1],

Les médias, avec les valeurs qu'ils défendent, leur propre échelle du bon et du mauvais, leur style d'écriture,

Le public avec ses propres préoccupations, ses secteurs d'intérêt(s), ses habitudes, ses manies…

Entre ces points par lesquels circule le message, bien des situations peuvent se produire…

---

[1] Les Relations Presse ne sont pas limitées au monde des entreprises. Un artiste tel qu'un chanteur ou un peintre, un responsable politique, un créateur peut choisir un Responsable Presse afin de mieux communiquer avec les médias. Bien qu'il soit relativement isolé, il constitue dans les faits une petite entreprise car il est le plus souvent entouré d'individus qui participent au développement de sa carrière et donc les faits énoncés ici s'appliquent également à lui. Dans ce livre, nous employons le terme "personnalité" pour désigner un tel individu.

Le responsable d'une société est persuadé d'agir pour le mieux et il a bien des raisons de penser ainsi. Il consacre l'essentiel de son temps à sa petite entreprise qui ne connaît pas la crise…

Hélas, une fois qu'il se retrouve devant la presse, il va peut-être tenir un discours qui paraît maladroit ou suffisant. En conséquence, une partie de la presse va prendre un malin plaisir à le faire descendre de son piédestal. De même, un technicien obnubilé par le produit qu'il a créé peut effectuer une démonstration ennuyeuse car il se perd dans mille petits détails sans importance. Au final, les médias vont peut-être bouder ce produit.

Les journalistes ont eux-mêmes une vision subjective des choses, des grilles de lecture du monde, des points de vue, des façons de penser… Ayant mal identifié ce qui fait l'avantage d'un produit donné, le journaliste pourrait en relayer une vision déformée. Il peut aussi, en fonction de ce qu'il perçoit d'un marché ou encore de la ligne choisie par son magazine, choisir de ne pas parler d'un produit ou d'une société.

Le public entretient lui-même certaines façons de voir prédéfinies. Il va lire tel ou tel magazine en fonction de sa sensibilité. S'il apprécie le cinéma d'auteur, il va plutôt s'intéresser à un magazine tel que *Les Cahiers du Cinéma*. S'il préfère les films à grand spectacle, il choisira d'autres journaux. Or, une œuvre particulière pourra être perçue comme un chef d'œuvre dans un fanzine pour adolescents et comme un pur navet dans un autre type de magazine. De même, une action gouvernementale sera interprétée différemment selon la sensibilité politique du quotidien.

Nous avons donc au départ ces trois entités : l'entreprise, les médias et le public. L'entreprise veut atteindre le public mais doit pour cela passer par les médias. Vaste équation !

C'est donc ici qu'intervient le savoir-faire des Relations Presse. Il vient se loger dans la séquence suivante :

1.   L'entreprise,

2.   Les Relations Presse,

3.   Les médias,

4.   Le public.

Entre l'entreprise et les médias, un intermédiaire vient donc prendre place, les Relations Presse, qu'elles soient gérées de façon interne ou externe. Leur rôle est majeur.

La mission du RP consiste à faire en sorte que le message de l'entreprise parvienne le plus fidèlement possible jusqu'au public visé. Elle consiste donc à optimiser la communication de l'entreprise auprès des journalistes afin qu'elle arrive à bon port jusqu'aux lecteurs, auditeurs et spectateurs des médias. Elle nécessite de faire en sorte que les journalistes réceptionnent les idées véhiculées par l'entreprise (ou bien encore une personnalité donnée), comprennent ses projets sans les faire passer par les fourches d'un prisme déformant...

Tout comme un bon plat, la réussite des Relations Presse dépend d'un savant dosage de divers ingrédients. De nombreux facteurs peuvent concourir à ce que l'expérience soit plaisante et fructueuse : le confort du lieu où les journalistes sont accueillis, la clarté du discours, la qualité personnelle de celui qui effectue la présentation... Ce qui est sûr, c'est qu'ils reposent tout sur l'un ou l'autre des 3 points exposés au chapitre 2.

En soi, la chose n'est pas complexe. Elle est juste différente des autres activités de l'entreprise ou de l'activité concernée :

Le rôle du Responsable Presse est comparable à celui d'un traducteur.

Le Responsable Presse se comporte à la manière d'un traducteur de talent. Imaginons qu'un ministre se rende dans un pays étranger, une contrée dans laquelle les us et coutumes sont différents des nôtres. Un traducteur de talent va faire en sorte d'intégrer dans son adaptation les formes qui vont convenir au destinataire du message. Supposons que la culture de cette autre contrée suppose de toujours évoquer en premier lieu l'épouse et de ne jamais citer les enfants :

Le ministre : J'adresse mes salutations au président de ce pays et à sa charmante épouse, et à ses enfants qui ont voulu faire le déplacement jusqu'à l'aéroport.

Le traducteur : Le ministre venu de France souhaite adresser ses salutations à Madame l'épouse du président et à Monsieur le Président.

Faute d'agir ainsi, il heurterait les mœurs de cette culture particulière.

Les Relations Presse fonctionnent ainsi. L'entreprise ou la personnalité dicte un certain discours et le Responsable Presse le traduit afin qu'il séduise au maximum les journalistes. Bref, il s'agit bel et bien d'un savoir-faire.

Les Relations Presse servent à faire en sorte que les médias relayent au mieux le message de l'entreprise.

Situer les Relations Presse parmi les sources d'information du journaliste

Une bonne pratique des Relations Presse suppose une bonne compréhension du monde des médias, comme nous le verrons au chapitre suivant. Mais en tout premier lieu, le RP doit prendre conscience qu'il ne constitue que l'une des sources d'informations du journaliste. Les Relations Presse peuvent donc exercer une influence auprès des médias, mais pas au-delà d'une certaine mesure.

Une telle compréhension du rayon d'action de cette communication aux médias est importante si l'on veut pouvoir mesurer l'impact de telles actions.

Les quatre sources d'information du journaliste

Le journaliste utilise quatre sources principales d'information

1.   les informations issues des Relations Presse,

2.   ses propres contacts,

3.   divers groupes externes ou indépendants,

4.   d'autres médias incluant Internet.

Les informations issues des Relations Presse

Elles parviennent au journaliste sous la forme de communiqués, de conférences de presse, lors de déjeuners de presse, d'interviews ou d'événements organisés par l'entreprise - autant de sujets abordés lors des chapitres suivants.

Une fréquence efficace de communication pour une entreprise de taille moyenne pourrait être la suivante :

- un communiqué de presse tous les 15 jours environ, suffisamment clairs pour maintenir l'**attention**,

- une conférence de presse tous les 4 à 6 mois, à l'occasion d'un **changement remarquable**,

- un déjeuner de presse réunissant l'un des dirigeants avec quelques journalistes afin de faire monter le **capital d'affection**, tous les six mois environ.

- un voyage de presse une fois tous les deux ans,

- une fête tous les deux ou trois ans,

- une participation aux principaux salons et événements, tous les 5 ou 6 mois.

Une telle fréquence permettrait de raviver régulièrement l'**attention** des médias, sans pour autant les submerger.

Les contacts personnels

Que ce soit au sein d'une entreprise ou dans l'entourage d'une personnalité, les journalistes aiment à entretenir des contacts directs avec des individus qui échappent à la supervision des relations presse.

S'ils apprécient de tels contacts, c'est parce que de telles personnes sont relativement indépendantes du marketing. Les journalistes savent qu'ils peuvent les appeler pour prendre le pouls, et qu'ils pourront se fier à leur jugement. De tels contacts vont souvent dire : "ne me citez pas, mais voici ce que je pense de la situation…" Ils vont ainsi guider malgré eux le sens d'un article.

La plupart des journalistes entretiennent des listes de contacts privilégiés.

Les contacts peuvent être des gens d'importance mineure d'une entreprise. Toutefois, le journaliste trouve intéressant de discuter avec eux car ce type de personne a un point de vue bien à elle, qui échappe à la langue de bois. Ils lient généralement connaissance lors du déjeuner qui suit une conférence de presse ou lors d'une fête. Au cours de la conversation, les langues se délient et l'employé commence alors à exprimer un point de vue personnel "de l'intérieur" qui se révèle d'une grande richesse informative. Il fait preuve d'un franc parler, d'une indépendance de pensée qui ravit le journaliste.

Par la suite, lors du lancement d'un produit, le journaliste va appeler son contact :

- Pourquoi est ce que vous annoncez dès à présent ce produit, alors que vous n'êtes pas sûr qu'il soit prêt pour Noël ?

- Parce que les grands pontes ont appris par certains clients que nos compétiteurs étaient sur le point de lancer une offre similaire ! Cela angoisse nos chefs. Ils veulent se positionner et montrer que nous ne sommes pas à la traîne. Entre nous, nous pourrions être prêts pour Noël si la direction était moins chiche sur les budgets et voulait bien embaucher quelques gars. Les types du secteur Recherche et Développement sont déjà submergés !...

Bien évidemment, de telles informations ne figureraient jamais dans le communiqué de presse.

Le Responsable Presse doit être conscient de ces possibilités de contacts entre les journalistes et certains membres de l'entreprise avec qui ils ne sont pas censés être en rapport et si possible, identifier ces contacts.

Un RP particulièrement habile pourrait même faire en sorte que le journaliste "découvre" par lui-même un tel contact, en plaçant volontairement de telles personnes à la table des journalistes avec lesquels il semble que devraient se nouer des accointances, lors du déjeuner qui suit une conférence de presse.

Quand bien même sa marge de manœuvre sera limitée, le Responsable Presse pourra essayer d'influencer le contact dans le sens du message que l'entreprise voudrait faire passer à un moment donné.

Les groupes externes à l'entreprise

Un bon journaliste ne peut se contenter des informations fournies par une société. Il va chercher d'autres sources à même de mettre en perspective(s) ces informations : études de marchés, groupes d'utilisateurs, rapports effectués par des analystes de l'industrie ou de la bourse, clients, groupes de pression, lobbies…

Le journaliste écoute volontiers de telles sources car elles ne sont pas censées avoir un intérêt financier quelconque.

Le Responsable Presse doit donc faire en sorte de faciliter l'accès à de tels groupes externes, lorsque leurs données vont dans le sens de la communication souhaitée. Quelques exemples suivent.

Si une entreprise vendant des oranges bio voulait en vanter les bénéfices, il serait utile de renforcer son discours par l'étude réalisée par un diététicien de renom. Si une autre désirait vanter les mérites d'une automobile particulièrement peu polluante, le rapport effectué par un groupe de protection de l'environnement aurait un impact plus marquant que les propos de l'ingénieur qui a conçu le moteur. Les études publiées par des magazines de type *Que Choisir* ou *50 millions de consommateurs* gagneront à être citées et reproduites - avec leur accord - dans le dossier de presse. De même, il pourrait être utile d'inviter certains experts d'un domaine à la conférence de presse de lancement d'un produit.

Si nécessaire, une entreprise peut sponsoriser des recherches, mais la chose peut être risquée. S'il apparaît que le laboratoire de tests a bénéficié d'une façon indirecte d'un soutien financier de l'entreprise, cela peut décrédibiliser le rapport de cet organisme. La phrase "testé par un laboratoire indépendant" a parfois le don de déclencher un sourire sur le visage de certains journalistes, car certains d'entre eux ont parfois été sponsorisés d'une façon un peu trop voyante.

Les autres médias : Web, Facebook, Twitter, Youtube...

Le Responsable Presse doit savoir que certains médias sont eux-mêmes considérés comme des leaders d'opinion auprès des journalistes. S'ils affirment que le disque d'un artiste ou un produit n'est pas bon, s'ils rapportent un fait sous un jour particulier, cet avis va être jugé fiable et donner le "la" en la matière. En politique, un journal tel que *Le Canard Enchaîné* a parfois cet effet - dans la mesure où cet hebdomadaire est indépendant de toute publicité et comme il a pour réputation d'être bien informé, les faits qui y sont rapportés bénéficient d'un crédit.

Certains sites Web peuvent également avoir un tel effet : en France, si l'affaire Cahuzac a éclaté, c'est à cause des articles publiés sur le site *Mediapart* géré par Edwy Plenel. Les médias traditionnels français ont repris un à un les bruits relayés par l'enquête de Mediapart ce qui a peu à peu obligé le ministre à la démission. D'autres sites Web comme *Rue89, Atlantico* ou *Slashdot* ont un pareil effet.

Il faudrait ajouter à cette liste les comptes Twitter de certaines personnalités. On en voudra pour preuve l'impact historique qu'a eu en juin 2012 un simple tweet de Valérie Trierweiller lors de la bataille des législatives à La Rochelle – elle avait soutenu un candidat dissident du PS, Olivier Falorni face à Ségolène Royal.

L'impact des blogs n'est aucunement à négliger. Depuis le début des années 2000, l'internaute a mué en chroniqueur, prodiguant ses avis sur l'actualité, publiant des photographies prises sur le vif, apportant son commentaire sur les nouveaux films ou jeux vidéo, indiquant les expositions à ne rater sous aucun prétexte…

De nombreux blogueurs ont acquis une notoriété conséquente. Ce qui a notamment attiré un lectorat vers ces journaux de bord personnalisés a été l'absence de censure. Ce que des médias traditionnels n'oseraient pas forcément raconter, des témoins oculaires s'autorisent à le relater. Ainsi, en 2003, un citoyen de Bagdad, Salam Pax a publié un compte rendu de ce qu'il observait de chez lui. La réalité qu'il a décrit avec ses explosions et les sirènes qui retentissent dans la ville tranchait avec les reportages triomphalistes de CNN et son blog a été suivi à très grande échelle.

A partir de 2010, la plupart des entreprises ont mis un point d'honneur à disposer d'une page Facebook et certaines ont parfois insisté lourdement pour que des journalistes s'abonnent à leur page.

En réalité, la page Facebook d'une marque apparaît rarement comme une source d'informations intéressante aux yeux du journaliste pour une entreprise.

S'il s'agit de la page Facebook, Instagram ou Tumblr d'un artiste ou d'une personnalité en vue, alors oui !

Nous obtenons là une source d'information essentielle pour les médias. Des chanteuses comme Madonna ou Miley Cirrus ne s'en privent d'ailleurs pas. En revanche, il est assez rare que les journalistes consultent la page Facebook d'une entreprise. Celle-ci peut davantage intéresser des utilisateurs de la marque, avant tout dans le cas où des événements (comme un concours) y sont organisés.

Youtube peut constituer un autre moyen intéressant de faire parler de soi. Réaliser une vidéo amusante peut séduire un grand nombre d'internautes et même avoir un effet 'viral'. Il ne faut toutefois faire appel à ce type de 'buzz' qu'avec parcimonie et tout en étant absolument sûr de son coup.

Quoiqu'il en soit, il est nécessaire pour le RP d'identifier de tels médias car le journaliste va les consulter et se laissera, dans une certaine mesure, influencer par leur opinion.

Dans la mesure du possible, il pourrait être avisé de gagner l'affection de tels supports - ce peut être par des actions secondaires telles que des prises de position en faveur d'une cause.

Si par exemple, vous apprenez que les membres de ce magazine militent en faveur d'une cause (par exemple : l'absence de tests sur les animaux), il peut être avisé de faire savoir que l'entreprise soutient ladite cause.

Le discours marketing doit être banni lors des relations avec les journalistes de médias comme des blogs d'internautes influents. Il peut même être judicieux de faire rencontrer à de tels bloguers des individus un peu hors norme d'une entreprise car c'est avec de telles personnes qu'ils pourront se sentir des atomes crochus !

Lorsque de tels médias ont émis un avis favorable à une entreprise ou une personnalité, le Responsable Presse ou un manager pourra gagner à les citer lors de sa conversation avec un journaliste.

Le RP doit éduquer les membres de l'entreprise aux Relations Presse

Si les Relations Presse reposent sur un savoir-faire différent des autres fonctions de l'entreprise, il en découle un principe : le RP doit éduquer ceux qu'il représente sur la façon correcte de communiquer aux journalistes. Il doit leur faire prendre conscience de cette chose fondamentale, évoquée plus haut : les journalistes n'ont pas les mêmes impératifs, les mêmes besoins que l'entreprise !

Chaque fois qu'un membre d'une entreprise ou une personnalité se retrouve à parler à un ou plusieurs journalistes, il doit instantanément adopter le point de vue des Relations Presse. Cela suppose donc une connaissance de base de ce métier.

Les objectifs des médias ne sont pas ceux de l'entreprise

Fondamentalement, les intérêts de l'entreprise et ceux des médias divergent. L'entreprise a pour mission de vendre un maximum de produits, d'élargir ses parts de marché au détriment de la concurrence, de clamer haut et fort qu'elle est la meilleure.

Le magazine a pour mission de divertir ses lecteurs, de leur apporter une information que ceux-ci trouveront utile ou distrayante. Un journaliste aimera comparer un produit à un autre, jouer le rôle de conseiller, ou bien encore, faire apparaître une controverse, un débat, un angle particulier qui donne envie de lire son article.

Les Relations Presse ne contrôlent pas la presse

Il pourra sembler difficile de faire comprendre à un manager quotidiennement habitué à ce que ses employés suivent sa vision que le journaliste n'est pas taillé dans un tel moule. Habitué à obtenir l'exécution de ses ordres, le manager pourrait cultiver l'idée que les médias participent d'une même logique et pourrait donc attendre du RP qu'il "pilote" les journalistes dans le sens désiré. La chose est impossible à obtenir et il faut qu'il le réalise. Plus une entreprise va donner l'impression de vouloir contrôler la presse et plus elle va en pâtir.

Une entreprise ou une personnalité sera jugée au regard de sa compétition

Il est illusoire de croire que le journaliste va recevoir tel quel le discours de l'entreprise. Inévitablement, elle sera jugée en fonction de ses compétiteurs.

Par essence, le bon journaliste va juger conforme à la déontologie de sa profession de donner la parole à plusieurs points de vue pour une information donnée.

Le chef d'entreprise doit être informé des actions entreprises par ses compétiteurs auprès des médias, ce qu'ils disent, comment ils communiquent auprès des journaux, radios et télévisions, quels types d'actions ils utilisent à cet effet. Idéalement, le RP doit chercher à savoir ce qui plaît et déplaît aux journalistes dans les actions de relations publiques effectuées par les sociétés concurrentes.

Lors d'une conférence de presse, un dirigeant bien informé des actions de ses compétiteurs gagnera à placer ses réponses dans une telle perspective. Ceux qui cultivent une vision égocentrique des choses auront davantage de difficultés à développer un discours d'envergure.

<u>Éduquer les gens de l'entreprise à l'humilité</u>

Les membres d'une entreprise aiment à penser qu'ils sont les meilleurs et à dénigrer les concurrents. Cela peut faire partie de la culture qu'une organisation aime à entretenir en son sein. Le souci, c'est qu'une telle attitude peut devenir comme une seconde nature. Or, les journalistes la supportent mal. Ils l'assimilent à un manque de clairvoyance (l'idée qui ressort est la suivante : ce type n'est donc pas suffisamment ouvert pour percevoir qu'il n'est pas le seul à faire bien !).

L'humilité est bien plus payante et fera davantage pour l'image de l'entreprise et de son dirigeant.

Entreprendre une action de relation presse à bon escient

Chaque fois qu'un dirigeant d'entreprise ou une personnalité désire entreprendre une action auprès des médias, qu'il s'agisse de l'envoi d'un communiqué, d'une conférence ou d'un événement donné, le RP doit le soumettre aux questions suivantes :

. Pourquoi entreprenons-nous cette action MAINTENANT ?

. Va-t-elle accroître l'**affection** et/ou l'**attention** ?

. S'agit-il d'un changement remarquable ?

. Qui cela va-t-il intéresser ?

. Qui voulons-nous cibler ?

. Existe-t-il un 'background' dont je devrais être informé ?

. Que fait la compétition sur ce même domaine ?

Si au sortir d'un tel examen, il ressort que l'action n'est pas opportune, il faut clairement la décourager et expliquer pourquoi à l'entreprise.

Les journalistes ne sont pas des clients

Rien n'agace autant les journalistes que de sentir qu'ils sont traités à la manière de clients, avec des arguments de vente dénués de sincérité. Les discours exagérés, les chiffres gonflés, les déclarations tonitruantes peuvent avoir pour effet de les braquer vis-à-vis de celui qui s'y adonne.

La mission des Relations Presse est d'informer la presse, de la façon la plus efficace possible. En la matière, les techniques de ventes n'ont point droit de cité.

Les Relations Presse ne peuvent influer sur les tests produits

Il arrive pourtant qu'un produit soit réellement peu performant, et le journaliste en juge par lui-même en le comparant à d'autres du même type. Dans une telle situation, des Relations Presse bien menées peuvent enrayer les dégâts. Si le RP a fait en sorte que l'entreprise dispose d'un fort capital d'**affection** et d'**attention**, le compte-rendu sera moins sévère que ce qu'il aurait pu être autrement. Mais cela s'arrête là.

Certains dirigeants d'entreprise sont parfois tentés de se séparer d'une agence de presse suite à un certain nombre d'articles de ce type. Il leur faut prendre du recul. Le Responsable Presse devra peut-être dans une telle circonstance, montrer au dirigeant comment des produits concurrents ont pu être jugés de façon bien plus critique dans une pareille situation. Si un produit n'est pas à la hauteur du standard d'un domaine, les RP ne peuvent pas accomplir de miracles.

<u>L'entreprise doit être patiente</u>

L'entreprise doit savoir faire preuve de patience vis-à-vis du Responsable Presse. Elle ne doit pas immédiatement exiger d'obtenir des dizaines d'articles.

Les actions destinées à renforcer le capital d'**attention** et d'**affection** sont coûteuses pour l'entreprise et leur impact peut ne pas être perceptible à court terme.

Elles sont pourtant indispensables.

Les déjeuners de presse, les voyages organisés en vue de faire découvrir un centre de Recherche et Développement et autres actions de ce type pourront ne pas avoir un rendement immédiat. Mais elles vont contribuer à développer une bonne image, fournir une information de fond et donc, planter la graine de futurs articles. Autant d'éléments qui seront cruciaux pour le jour où le journaliste écrira un article d'envergure sur un domaine donné et plus encore, au moment où l'entreprise décide de communiquer à grande échelle à propos d'un **changement remarquable**.

Savoir relativiser un article peu élogieux

Les membres d'une entreprise peuvent avoir tendance à réagir excessivement à un mauvais article. Il importe qu'ils prennent du recul à ce sujet. Il est préférable d'obtenir 8 bons articles et 2 mauvais, que 3 bons articles en tout et pour tout. L'attention du public sera plus éveillée à un produit donné si elle est fréquemment sollicitée. Par ailleurs, faites le test : vous constaterez que les lecteurs ne retiennent que relativement peu de choses de la lecture d'un magazine.

<u>Utiliser les bons articles dans les démarches commerciales</u>

Pour un produit donné, ou pour une entreprise, rien ne récolte davantage de crédibilité qu'un bon article dans un magazine ayant une réputation de sérieux.

Si vous obtenez un bon article, il est donc bon de le faire savoir à grande échelle. Distribuez-le à vos équipes commerciales pour leur gonfler le moral.

Avant de reproduire un article, contactez toujours le groupe de presse correspondant car de tels écrits sont protégés et leur réimpression nécessite une permission officielle.

Le magazine sera généralement disposé à vous accorder le droit de reproduire l'article ou d'en citer un extrait, y compris dans une promotion.

Les journalistes sont habituellement fiers de leurs écrits et de telles citations contribuent à les faire connaître - leur rédacteur en chef remarque au passage que leurs écrits sont appréciés. Le directeur de la rédaction ou l'éditeur apprécient pareillement de voir le nom du magazine cité comme référence car cela contribue à sa réputation.

L'expression de soi n'est pas la communication

La communication auprès des médias nécessite un savoir-faire précis et la négliger peut être fatal pour celui qui veut faire passer un message. Parfois, les relations avec les médias peuvent être coupées ou ne se développent pas. Certains entrepreneurs ne savent pas raconter leur histoire alors qu'elle est en elle-même passionnante. D'autres ne savent pas bien mettre en perspective ce qui fait la force de leur gamme de produit, et le Responsable Presse est là pour les aider à voir plus clair et s'exprimer mieux.

Il se trouve simplement que l'expression de soi n'est pas en soi de la communication. La façon de formuler ce que l'on a à dire n'est pas la même selon l'audience visée et vous utilisez d'ailleurs cette aptitude dans la vie courante. En évoquant un sujet donné, vous-même ne parlez pas de la même façon à un chauffeur de taxi, à un pasteur, à un enfant, à un avocat, à un musicien de rock… Il faut donc apprendre à communiquer en ayant à l'esprit ce que recherche le destinataire journaliste.

Parler de soi ne suffit pas. Il importe de communiquer d'une façon qui fasse passer le message. Les Relations Presse sont là pour optimiser la communication effectuée auprès du journaliste et faire en sorte qu'elle aboutisse à de nombreux articles élogieux.

4. La fonction de Responsable Presse

Un grand nombre d'entre nous démarrent leur carrière avec un drôle de sentiment que nous pourrions résumer plus ou moins ainsi : « ça y est, j'arrive… Le monde va enfin découvrir ce que je peux lui apporter. J'apporte quelque chose d'indispensable, un produit inouï, une création unique… Pas de doute, les gens se demanderont comment ils ont pu vivre sans ! »

Une nouvelle entreprise démarre avec un tel état d'esprit. Ses créateurs sortent de l'université et démarrent une activité à partir d'une idée brillante. Lorsqu'ils entreprennent de communiquer vers l'extérieur, les dirigeants de cette jeune société s'attendent à une réaction unanimement enthousiaste. Ils rédigent un communiqué, l'envoient à quelques dizaines de journalistes dont ils ont pu récupérer les noms et attendent, fébriles que le téléphone sonne.

Les jours passent et personne n'appelle...
Personne ne semble concerné par l'existence de
ces nouveaux venus. Ne comprenant point ce
qui se passe, le directeur général ou décroche le
combiné et tente d'obtenir l'un des journalistes
contactés afin de vérifier qu'il a bien reçu votre
annonce miracle.

Avec un peu (beaucoup) de chance, il obtient le
rédacteur en ligne, et ce dernier répond de
façon brève ou abrège la conversation avant
que ce son interlocuteur n'ait eu le temps de
comprendre.

Ce jour là, le fondateur de l'entreprise comme le
créateur d'un nouveau concept réalise ce fait
imposant, qu'a dû ressentir Galilée lorsqu'il a
inventé le télescope au début du 17ème siècle :
nous ne sommes pas seuls dans l'univers ! Le
monde tournait avant nous. Il ne nous a pas
attendu.

Lorsque l'on démarre une activité de
Responsable Presse, il faut en premier lieu avoir
un tel fait à l'esprit.

Les médias sont bien installés, ils connaissent
leur affaire.

Chaque journaliste est déjà en contact avec des
dizaines et dizaines d'entreprises et d'individus.
Il a un emploi du temps chargé.

Vous ne représentez encore rien à ses yeux.

Il va falloir en premier lieu commencer à exister.

La toute première tâche du Responsable Presse consiste à faire en sorte que les médias veuillent bien vous accorder un peu d'attention.

Tout se passe comme si vous étiez invité à une soirée où tout le monde se connaît alors que vous-même ne connaissez personne ou presque. Vous allez gentiment vous mêler à un cercle de conversation, vous faire progressivement accepter, amener d'autres à vous apprécier… Lors de la deuxième invitation, quelques membres de ce cercle auront pris conscience de votre existence, et ainsi de suite.

Pour tenir sa fonction au mieux, le Responsable Presse doit :

1. Comprendre les médias,

2. Assurer une veille de la presse,

3. Identifier ses différents interlocuteurs au sein des médias,

4. Communiquer d'une façon efficace.

Autant de sujets traités dans les diverses sections de ce chapitre. La toute dernière comprend une série de conseils propres à la pratique de ce métier.

Comprendre les médias

Une fois posé que le journaliste ne vous attend pas *a priori*, il est possible de relativiser la chose…

Le journaliste a besoin des Relations Presse

Les journalistes ONT besoin de vous. Ils ont besoin de raconter des choses à leurs lecteurs, de leur faire passer un moment agréable, de les informer. Fondamentalement, les Relations Presse leurs sont utiles. Ils ne demandent qu'à parler de l'entreprise ou de la personnalité que vous représentez si tant est que cela corresponde à l'attente de leurs lecteurs.

L'art de la Relation Presse consiste à faire correspondre votre message avec les besoins des journalistes.

Le journaliste est constamment à l'affût de nouvelles idées d'articles, de reportages, de produits à tester. Le souci, c'est qu'il reçoit TROP d'informations qui lui sont inutiles. Il doit donc opérer en permanence un tri parmi un véritable torrent de données qui lui sont adressées.

Pour gagner l'**affection** des journalistes, celui qui est en charge des Relations Presse doit bien comprendre leur métier, leur façon d'opérer, identifier leurs besoins, connaître leurs contraintes et mieux encore, leurs ambitions personnelles ou celles du magazine face à ses concurrents. Fort logiquement, les anciens journalistes reconvertis en Responsables Presse sont souvent efficaces car ils ont connu ce monde de l'intérieur et perçoivent clairement comment il fonctionne. Certains ont même un véritable talent en la matière : ils peuvent convaincre en une ou deux minutes un journaliste particulier d'écrire un article au sujet d'une entreprise qu'ils représentent. Cela demande une connaissance aiguë des médias et une intense préparation. Mais clairement, on peut y parvenir !

<u>Comprendre le besoin du journaliste</u>

De façon générale, les journaux cherchent à apporter aux lecteurs :

. des actualités - un fait ou un événement qui n'a pas été rendu public auparavant.

. des commentaires éclairés et uniques sur cette actualité - le fait de situer les événements dans un certain contexte, qu'aucun autre magazine n'aurait traité auparavant,

. des articles de fond - le plus souvent des enquêtes approfondies permettant de révéler des faits inédits ou un point de vue original sur un ensemble de faits ou un phénomène de société,

. des articles de tailles plus réduites mais apportant là encore quelque chose d'unique qui apparaît comme typique du magazine,

. des sections destinées au pur divertissement du lecteur telles(tels) que les mots croisés, les photographies insolites, etc.

Tous les journaux ont un impératif : séduire les lecteurs en leur apportant à chaque numéro matière à une lecture instructive, divertissante.

Les deux mots d'ordre d'un magazine sont :

. quoi de neuf ?

. comment se différencier ?

Telle est leur matière première essentielle. Que se passe-t-il en ce moment ? Quelle information étonnante pouvons-nous apporter à nos lecteurs ?… Certes, ils sont avant tout intéressés à traiter d'un **changement remarquable** prévu dans un proche futur ou encore un événement récemment intervenu et dont le public n'a pas encore eu connaissance. Mais à défaut de pouvoir relater un tel fait, le magazine peut se distinguer par un point de vue inédit sur une situation.

Au début de l'année 2004, un journaliste aurait pu consacrer un article de fond concernant le fait que les fabricants de téléphones mobiles étaient soudainement devenus les premiers vendeurs d'appareils photos numériques. À cette époque, une telle analyse aurait révélé un **changement remarquable**.

Cette nécessité de parler de choses nouvelles et de se différencier n'est pas toujours facile à gérer du point de vue des Responsables Presse. L'échelle de valeur des médias n'est tout simplement pas la même que celle de l'entreprise. Un produit fort populaire et même essentiel à la survie de la société obtiendra parfois moins de presse qu'un produit révolutionnaire, qui ne va pourtant toucher qu'un public réduit.

Certains magazines peuvent faire l'impasse sur une annonce, estimant qu'il serait préjudiciable pour leur image de marque de publier les mêmes informations que leurs concurrents. Parfois aussi, un magazine peut juger que la seule façon de se différencier au sujet d'un film ou autre élément qui fait l'unanimité est de prendre le contre-pied d'un tel courant.

Le point de vue des médias ne sera jamais le même que celui de l'entreprise. Ils n'ont tout simplement pas le même objectif.

Comment aider le journaliste ?

Un Responsable Presse qui effectue son travail correctement, fait en sorte que les médias obtiennent ce qu'ils demandent vite et bien, respecte leur métier, va rapidement développer un "réseau" de journalistes proche ou parfois même amis. Cela ne signifie pas qu'ils feront preuve d'indulgence dans l'écriture de leurs articles. En revanche, ils se montreront prêts à aider le Responsable Presse lorsque cela est possible et que cela n'engage en rien leur intégrité. Ils pourront ainsi signaler au RP quelle est la meilleure date pour organiser une conférence, lui dire de manière franche comment un événement a été perçu et ce qu'il pourrait être bon d'améliorer. En clair, ils seront disposés à vous rendre service car ils seront devenus sensibles à une chose : vous leur facilitez la vie !

Voici comment faire pour aider le journaliste…

Lire ce que le journaliste écrit

Une approche "sur mesure" est l'idéal lorsque le Responsable Presse initie un contact avec un journaliste. Bien souvent, vous ne disposerez que d'une trentaine de secondes pour le convaincre.

Il importe donc de savoir quels sont les types d'articles que ce journaliste a l'habitude d'écrire avant d'entrer en contact avec lui afin de lui proposer un sujet. Il faut tenter au travers d'une telle lecture de cerner son approche : quels sont les angles qu'il affectionne, quel est le lectorat auquel il s'adresse ? Cette étude peut être complétée par des informations supplémentaires obtenues à partir d'autres sources : a-t-il suivi des études universitaires ? Est-il passé par une école de commerce ? Est-il expert d'un domaine ? Il est possible de glaner de telles informations dans certains guides tels que celui du site Category.net (rubrique Relations Presse). De cette façon, il peut devenir possible au cours d'un contact téléphonique de faire ressortir les aspects de l'entreprise qui sont susceptibles de l'intéresser. Il se peut qu'une telle analyse fasse ressortir qu'il n'est pas nécessaire de contacter un journaliste donné et il vaut mieux s'en abstenir alors.

Prenons le cas d'une jeune société de location automobile qui se distingue par ses tarifs particulièrement bas.

Si le journaliste que contacte le RP opère dans un média de défense des consommateurs, il faudrait présenter cette société dans le contexte de des offres de location automobile à prix cassé en Europe, des études montrant le prix qu'un utilisateur est prêt à payer, les facilités de réservation en ligne, le rapport avec le développement d'offres conjointes de loisirs comme dans l'hôtellerie...

En revanche, le rédacteur d'un quotidien financier sera avant tout intéressé par la viabilité de cette entreprise et sa stratégie de développement.

Si le magazine s'adresse à une population élitiste attirée par les véhicules de luxe et indifférente au discount, il vaut mieux éviter de contacter ses rédacteurs.

<u>Aider à développer une expertise</u>

Les journalistes cherchent à apparaître comme des experts de la chose dont ils parlent. Comme ils couvrent un grand nombre de domaines, cela peut leur demander beaucoup de travail préparatoire. Vous pouvez fortement les aider à couvrir un domaine donné et par conséquent, faire monter le coefficient d'affection à votre égard, si vous les aidez à acquérir une expertise rapide. Pour ce faire, vous pouvez leur faire rencontrer un technicien de l'entreprise qui soit un bon pédagogue afin qu'il assure une rapide formation du journaliste.

Une excellente pratique consiste à proposer à des journalistes qu'un spécialiste vienne les voir sur leur lieu de travail afin d'expliquer les tenants et aboutissants d'un secteur ou leur montrer comment fonctionne un produit donné. Dans ce deuxième cas de figure, l'entreprise fait en sorte que les points forts d'un produit soient clairement démontrés et au passage, elle permet au journaliste d'acquérir une compétence à son égard.

<u>Comprendre leurs impératifs de temps</u>

Les journalistes peuvent se montrer expéditifs dans leurs contacts avec une agence de presse ou un RP. Certains ont pour habitude d'appeler de manière impromptue et désirer que l'on réponde immédiatement à leur requête. Vous allez bien souvent vous mettre en quatre pour leur donner satisfaction et pourtant, ils ne prendront même pas la peine de vous remercier.

Un tel mode de fonctionnement peut surprendre et il n'est certes pas facile à vivre pour le Responsable Presse. Il faut pourtant s'en accoutumer. Les récompenses que va récolter le RP seront perceptibles à terme au niveau du nombre d'articles positifs obtenus et dans l'aide que le journaliste consentira plus tard à vous fournir comme dans les cas évoqués plus haut.

Si le journaliste semble manquer de considération à l'égard du RP à un moment donné - par exemple, en ne lui accordant que quelques dizaines de secondes lors d'un appel - il faut éviter de le prendre personnellement.

Il s'avère juste que ce jour là, le rédacteur en chef qui emploie ce rédacteur attend un article à 16:00 précise et qu'en conséquence, il travaille contre la montre. Celui qui est en train d'écrire un article déteste généralement être interrompu lorsqu'il se laisse guider par son inspiration. Il va pourtant décrocher son téléphone au cas où - demeurer en alerte fait partie de sa fonction. Idéalement, le type de phrase que l'on doit dire à un journaliste en préambule est "'Est-ce que je vous dérange ? Puis-je vous demander deux minutes ?" S'il dispose de temps pour vous écouter, le mieux est d'entrer alors immédiatement dans le vif du sujet.

S'il ne peut pas vous parler immédiatement, proposez de le rappeler au moment qui lui conviendra. Sachez aussi qu'un certain nombre de journalistes aiment à travailler au dernier moment, l'état de tension qui en résulte étant selon eux propice à la création ! Bien évidemment, ils avancent une telle explication pour justifier leur propre manque d'organisation. Il demeure que le fait est là : il existe des journalistes qui travaillent comme des fous durant une semaine ou deux puis se relâchent pendant une partie du mois, sachant qu'ils passeront quelques nuits blanches au moment voulu. Tâchez simplement de repérer ces périodes de pause où ils devraient être bien plus disponibles.

Pour le reste, tant pis si la tâche est ingrate, faites en sorte de leur donner ce qu'ils demandent au plus vite. Au fil des mois, ils développeront une estime à votre égard - nous y reviendrons plus bas.

Accepter qu'une marque ou un produit soit jugée en fonction d'autres

En tant que Responsable Presse, vous aurez certainement tendance à vouloir affirmer des faits vis-à-vis d'une entreprise. Le journaliste, pour sa part, aura tendance à vouloir mettre ces faits en perspective. Si vous affirmez que l'entreprise X lance un produit unique en son genre, le journaliste va immédiatement mettre une telle annonce en perspective avec toute la gamme de produits similaires qu'il connaît. Si vous dites : "cet appareil est le seul de son genre à avoir une fonction autonettoyante", il va répliquer qu'il en a vu d'autres lors de voyages à Taiwan ou ailleurs… Vous le constaterez à maintes reprises : les journalistes se plaisent à assumer une position d'expert.

Ne croyez pas que les journalistes soient des contradicteurs nés, empreints de méfiance et prompt(s) à relativiser la moindre de vos déclarations. Comprenez bien qu'en agissant ainsi ils assument tout simplement leur rôle. Un magazine n'est pas un catalogue. Sa valeur ajoutée, c'est la capacité à comparer un produit ou une annonce avec d'autres, à le placer dans un contexte plus large.

Connaître les dates de bouclage

Le souci d'une équipe de rédaction, durant une certaine période du mois, est de tenir la "deadline" ou date limite de bouclage du magazine. Peu avant cette date, il est probable qu'ils soient difficiles à joindre et pas toujours d'un contact agréable. Si vous désirez leur apporter une information qui n'a pas encore été rendue publique ailleurs, tentez de le faire en dehors de la semaine de bouclage. Certes, si vous annoncez un changement particulièrement remarquable de dernière minute, ils seront tout ouïs.

Assurer une "veille" de la presse

Le Responsable Presse doit avoir une connaissance permanente des médias du domaine où il intervient.

Analyser les médias

Voici une série de questions que le RP peut se poser lorsqu'il effectue son analyse des médias d'un secteur donné.

. Quel est le public visé ?

. Qu'est ce que ce média essaye de leur apporter ?

. Comment essaient-ils de se distinguer de leurs concurrents ?

. Quels sont les outils que cette publication utilise pour atteindre ses lecteurs ?

. Sont-ils efficaces ?

. Est ce que ce magazine / programme radio ou télévision est facile à aborder et comprendre ?

. Est ce qu'il a une identité aisément perceptible ?

. Quelle est la balance entre les actualités et articles de fond ?

. Quelles sont ses spécificités ?

Assurer une veille médiatique

Une bonne pratique peut consister à analyser régulièrement (tous les deux mois environ), l'ensemble des journaux, blogs et Webzines du secteur et faire ressortir les 5 ou 6 thèmes principaux actuellement abordés par ceux-ci.

Chaque matin, le Responsable Presse ou l'un de ses collègues doit consulter la presse quotidienne et les sites Web d'actualités. Il doit régulièrement parcourir la presse hebdomadaire et mensuelle. Ce qu'il cherche, c'est de suivre à la trace les actualités des entreprises clés du secteur. Que font-elles ? Qu'ont-elles annoncé ? Si elles figurent dans les *news*, qu'est ce qui est dit à leur propos ? Vous cherchez à mesurer les courants d'opinion, les tendances, ce qui apparaît comme la réalité du moment.

Il faut se servir de telles données pour réagir et pro-agir.

<u>Réagir à une actualité</u>

Transmettez votre synthèse des informations recueillies lors de la lecture des médias aux dirigeants de l'entreprise, de façon régulière. Il est crucial qu'ils soient au courant des évolutions du marché s'ils rencontrent un journaliste.

Faites en sorte qu'ils obtiennent de telles données immédiatement si elles concernent un événement majeur, sur lequel un reporter pourrait leur demander de rebondir au pied levé. Un exemple : "votre principal concurrent vient d'annoncer le rachat du n°1 allemand. Que comptez-vous faire ?" Le manager qui serait pris au dépourvu et trahirait sa méconnaissance d'un événement majeur ressortirait à son désavantage.

Dans la synthèse que vous relayez au chef d'entreprise, tentez de repérer s'il y a des articles auxquels il pourrait avoir à répondre. Transmettez-lui et suggérez qu'il écrive une réponse ou un point de vue, ce qui peut lui permettre de se positionner comme un leader d'opinion. Certains journaux acceptent même qu'un chef d'entreprise leur soumette des articles de fond.

Pro-agir par rapport à une actualité

Vous pouvez aussi utiliser les tendances de l'actualité pour générer de la presse sur l'entreprise que vous représentez. L'astuce consiste à établir un lien entre le message que l'entreprise veut faire passer à un moment donné et un thème "à la mode" - sur lequel un journaliste serait susceptible d'écrire à un moment donné. Si par exemple vous avez noté un fort intérêt des médias pour les cures d'amaigrissement, vous pouvez appeler les journalistes en vantant cet aspect d'un nouveau dessert que votre entreprise entend commercialiser. Vous aurez ainsi de meilleures chances d'attirer leur attention.

Vos différents interlocuteurs au sein des médias

Au sein d'un magazine, le responsable presse peut avoir affaire à quatre types d'interlocuteurs :

1. le journaliste,

2. le rédacteur en chef,

3. le responsable de la rédaction,

4. l'éditeur ou propriétaire du magazine.

Il importe d'avoir en tête les liens hiérarchiques entre ces différents rôles, afin que les actions menées portent leurs fruits d'une manière optimale.

1. Le journaliste

Le plus souvent, le responsable des Relations Presse a pour interlocuteur principal le journaliste.

C'est ce dernier qui reçoit les communiqués, qui est invité aux conférences comme aux voyages de presse.

Toutefois, le journaliste est le dernier maillon d'une hiérarchie.

S'il écrit les articles, il est rarement décisionnaire du contenu du magazine. Il rend compte à un rédacteur en chef et parfois aussi à un directeur de la rédaction.

Il est important de prendre cela en compte car, en dépit des efforts que vous pourrez accomplir envers un journaliste, celui-ci peut échouer à convaincre ses supérieurs de l'opportunité d'écrire d'un article sur une société donnée. Si tel est le cas, l'article ne paraîtra pas…

Le phénomène joue dans les deux sens. Lorsque vous suggérez à un journaliste une idée d'article, celle-ci ne se concrétisera que s'il convainc son rédacteur en chef qu'il peut être bon pour le magazine de traiter ce sujet à ce moment précis. En revanche, s'il place l'article en question, vous aurez marqué un point : vous aurez permis au journaliste de se valoriser au sein de sa rédaction. L'affection ressentie envers vous, le RP, progressera donc en conséquence.

Le Responsable Presse qui est en mesure d'apporter au journaliste une bonne idée de reportage avec les clés pour le vendre à leur rédaction en chef se fera donc un allié potentiel. Il peut être bon de le savoir : les journalistes sont en concurrence les uns avec les autres, ils ont des enjeux de carrière.

D'ailleurs, celui qui est journaliste aujourd'hui a des chances raisonnables de se retrouver rédacteur en chef dans le futur. Et comme nous allons le voir, il aura alors une importance capitale sur la couverture médiatique accordée à la société ou à la personnalité que vous représentez.

2. Le rédacteur en chef

C'est le rédacteur en chef qui est le principal décisionnaire quant au contenu d'un magazine. En général il écrit peu d'articles - il se contente le plus souvent d'un éditorial qui donne le ton de la revue. Mais il dicte au média sa personnalité, il influe sur le ton général, définit les orientations, les choix éditoriaux. Il détient un pouvoir de décision sur les articles qui seront publiés ou non, mais aussi de correction : il peut très bien prendre l'initiative de "tiédir" un article qui lui paraîtrait trop élogieux s'il estime que cela jure avec la "couleur" usuelle du magazine.

Le rédacteur en chef décide également de l'importance relative des sujets, de l'angle de traitement d'un événement, de la taille qui sera consacrée à l'article correspondant, et s'il sera placé en page 1, 11, ou 82. C'est également lui qui peut décider qu'à un moment donné le magazine ne parlera pas d'une société donnée, parce qu'à ses yeux, elle n'est pas assez importante, parce qu'elle a été suffisamment évoquée lors des numéros précédents, ou pour toute autre raison. Il est le maître à bord.

Au-delà de l'intention originelle qu'a eue le fondateur du journal, les enquêtes lecteurs, le courrier reçu faisant apparaître qu'ils aiment ceci et pas cela, servent de guide au rédacteur en chef. Le public peut réclamer davantage de reportages, moins de pages "people", plus de photos, moins de tests produits... Le rédacteur en chef est au service de cette population et il oriente le contenu dans le sens de ce vent là, son objectif étant de faire monter les ventes du magazine.

Indubitablement, l'attaché de presse doit intégrer le rédacteur en chef dans sa réflexion. Ce personnage clé doit être traité avec soin. Il n'est pas nécessaire de lui fournir autant d'informations qu'au journaliste. Auprès de lui, il faut travailler le **capital d'affection** et le **capital d'attention.** En premier lieu le rédacteur en chef doit être rendu conscient du fait que l'entreprise ou la personnalité que vous représentez existe. La pire des choses qui puisse arriver lorsque le journaliste propose un article à propos d'une entreprise est de se voir répondre par le rédacteur en chef : "mais qui sont ces gens ?".

Quels types d'actions peuvent être menées par le Responsable Presse vis-à-vis du rédacteur en chef ?

Il doit entretenir une relation de nature conviviale et privilégiée, sans lien particulier avec la sortie d'un produit donné. Il peut inviter le rédacteur au chef au théâtre, à une compétition sportive, au restaurant… Il n'est pas souhaitable que la relation ait lieu de manière trop fréquente. Une invitation tous les six mois environ devrait largement suffire. Rappelons l'enjeu : vous désirez juste qu'il entretienne une bonne impression de l'entreprise et qu'il ait conscience de son importance.

Parfois, il sera possible qu'un haut responsable de l'entreprise propose un article au magazine, dans lequel il donne son point de vue sur le marché. Certains médias sont ouverts à une telle contribution. Avant de pouvoir opérer ainsi, il est nécessaire d'avoir bâti une relation avec le rédacteur en chef.

3. Le directeur de la rédaction

Le directeur de la rédaction chapeaute généralement plusieurs magazines. Parfois, il lui arrive d'assumer la fonction de rédacteur en chef sur un ou plusieurs d'entre eux. Le plus souvent, cependant, il n'est pas impliqué de façon directe dans un magazine particulier et se repose sur le rédacteur en chef pour ce qui est du contenu. Certaines situations l'amènent à devoir assumer un rôle plus actif en la matière. Si l'un des magazines traverse une période difficile, l'éditeur ou le propriétaire de ce support compte alors sur le directeur de la rédaction pour redresser la barre, définir une nouvelle formule, améliorer la perception du journal auprès des lecteurs. Durant une telle période qui peut durer six mois ou plus, le directeur de la rédaction est le maître à bord et il faut alors se comporter envers lui comme vous le feriez à l'égard du rédacteur en chef.

Il pourra être nécessaire par ailleurs de prendre contact avec le directeur de la rédaction si vous montez certaines opérations de grande envergure qui sortent du contexte usuel des Relations Presse : organisation d'un concours, offre de produits aux abonnés, etc.

<u>4. L'éditeur ou propriétaire du magazine</u>

L'éditeur ou propriétaire opère à un niveau hiérarchique plus élevé que le directeur de la rédaction et le Responsable Presse n'aura généralement aucune relation avec lui. Il importe toutefois de savoir qu'il peut influer sur le contenu de ses divers magazines.

Par ailleurs, en cas de litige, il pourra être nécessaire (mais pas toujours souhaitable comme nous le verrons plus loi) de s'adresser à lui.

<u>Différencier les freelances et les salariés</u>

Une fois la hiérarchie identifiée, le Responsable Presse doit clairement différencier les journalistes salariés d'un magazine des freelances. Ces deux types de rédacteurs n'ont pas la même façon d'opérer et il faudra en tenir compte dans votre approche.

Le salarié

Le journaliste salarié effectue son travail pour le compte du rédacteur en chef et il doit régulièrement "remplir" un certain nombre de pages du magazine. Il rédige par exemple la rubrique « actualités » du journal

Le salarié travaille le plus souvent pour un seul titre du groupe de presse qui l'a embauché mais il peut être appelé à donner un coup de main de temps en temps à un autre support.

Même si la pression est forte pour qu'il soit productif, le salarié sait que quoi qu'il arrive, à moins d'une faute professionnelle grave, il sera payé en fin de mois. Comme il ambitionne de monter dans la hiérarchie, il est probable qu'il cherche à se faire bien voir de ses supérieurs et qu'il accomplisse un travail sérieux, mais il arrive aussi qu'il se contente de faire ce qui lui est demandé sans manifester de zèle particulier.

L'avantage du journaliste salarié, aux yeux du RP, c'est qu'il est plus disponible que le freelance.

Si vous organisez un voyage de presse, une conférence qui s'étend sur une journée entière, il sera ravi d'y participer car de telles sorties sont assimilées à des moments de détente, loin du bureau.

De même, il fréquentera usuellement les conférences de presse où il est convié si la rédaction en chef ne lui impose pas de demeurer au journal à cause d'un bouclage ou d'une surcharge de travail. En revanche, il se peut qu'il soit moins dynamique que le freelance, moins prompt à sauter sur une occasion en or puisque sa motivation sera naturellement moins forte, comme nous l'expliquons plus bas.

Vous pouvez bâtir une relation suivie avec lui tout en sachant qu'il est appelé à bouger dans l'organigramme - il arrive qu'il change radicalement de fonction au bout de quelques années, ayant été attiré par la perspective d'un poste libre dans l'entreprise.

Le freelance

Le freelance ou pigiste opère différemment. Il collabore à de nombreux titres. Ses revenus dépendent directement du nombre d'articles qu'il parvient à faire publier et par conséquent, il est de son intérêt d'écrire pour plusieurs magazines. En ce sens, il doit constamment prouver aux rédacteurs en chef qu'il est le meilleur dans son domaine, qu'il apporte un "plus" au magazine, quelque chose d'unique.

Le freelance vit sur la brèche et se montre à l'affût des scoops : il constitue un poste budgétaire à part pour les rédacteurs en chef, et doit justifier sa présence dans le magazine. Vous pouvez l'y aider en le mettant sur la piste d'informations rares, sachant qu'il fera le maximum pour obtenir les meilleures retombées possibles dans les publications auxquelles il collabore.

Lorsque le temps est aux économies, le pigiste peut se voir temporairement écarté d'un magazine - il doit alors redoubler de talent pour continuer d'imposer sa présence. Mais il est taillé pour la survie : un grand nombre de freelance peuvent tenir une telle activité durant une très longue période. Il est donc possible de bâtir une relation à long terme avec lui.

Comment gérer au mieux ces deux types de journalistes ?

Le RP doit savoir gérer ces deux types de journalistes afin d'obtenir les retombées les plus efficaces.

Il est préférable qu'il confie aux salariés les actualités que le magazine se doit de traiter quoiqu'il arrive. Par exemple, un magazine dédié à l'automobile ne pourra pas passer sous silence la sortie prochaine d'un nouveau modèle chez Peugeot, Renault ou Toyota. En parallèle, il peut aider le freelance à dénicher des informations rares (avant-premières, interviews exclusives…). S'il parvient à se faire un allié du freelance, ce dernier va se battre pour décrocher des articles voyants (tels les sujets placés en couverture) et il fera usuellement en sorte d'en placer dans de nombreux supports.

Identifier les leaders d'opinion

Dans chaque secteur, trois ou quatre journalistes sont particulièrement respectés de leurs confrères. Ils peuvent avoir gagné leurs galons du fait d'avoir écrit quelques livres qui font référence, avoir commis quelques articles sans concession qui ont fait date, ou parce qu'ils ont une réputation de critiques purs et durs à qui on ne la fait pas. Les journalistes leaders d'opinion peuvent aussi bien être des freelances que des salariés.

Si vous parvenez à convaincre un leader d'opinion du bien fondé de ce que vous affirmez, une partie du travail est gagnée puisque son opinion sera écoutée par ses confrères - et ne négligeons pas les conversations qu'ils peuvent entretenir tandis qu'ils prennent un café après une conférence de presse.

L'idéal consiste à faire rencontrer à de tels journalistes des spécialistes de haut niveau de l'entreprise, des gens qui par essence parlent le même langage. Il est illusoire de leur servir un discours préfabriqué et il peut même être risqué pour l'image de l'entreprise de les amener à affronter des personnes du marketing.

Il importe donc de leur faire rencontrer les seules personnes de la société qui pourraient être en mesure de faire évoluer son point de vue : les ingénieurs, les concepteurs, les créatifs…

Idéalement, avant d'opérer une annonce à grande échelle, arrangez un rendez-vous séparé entre le leader d'opinion et un expert de l'entreprise afin de permettre une conversation à haut niveau qui permettra au leader d'opinion de se faire une idée éclairée de ce que l'entreprise entend présenter.

Si vous sentez que plusieurs leaders d'opinion pourraient réagir négativement lors d'un événement public que vous envisagez, telle qu'une conférence de presse, il peut être préférable de ne pas organiser celle-ci.

Dans la mesure où l'avis des leaders d'opinion influence celui des autres journalistes, il ne serait pas bon qu'ils apportent un jugement négatif devant une telle assemblée.

Si le leader d'opinion estime qu'il doit fustiger un produit ou une annonce qui lui semble embellie à l'excès, il ne se privera pas de le faire.

Dans ce cas, vous pouvez vous contenter d'envoyer un communiqué de presse et d'arranger quelques rendez-vous en face à face entre certains journalistes et les responsables d'entreprise. Inversement, si vous savez qu'un leader d'opinion est enthousiasmé par un produit que vous allez annoncer, faites tout pour qu'il puisse venir ce jour là !

Les bases d'une communication efficace

Une communication optimale avec les journalistes repose sur l'optimisation de trois niveaux d'approche :

1. Le contenu

2. La structure

3. La présentation

1. Le contenu

À la base, vous avez un certain message à faire passer : un changement de stratégie, un nouveau produit, des résultats financiers... Nous avons là le contenu de la communication.

Prenons un exemple pratique. Imaginons qu'une firme Tech-Pass lance un nouveau lecteur de DVD qui a pour atout d'être très fin et très performant. Voilà un produit hyper banal par les temps qui courent. Il n'empêche, cette société a fait un effort tout particulier sur le design externe, et entend faire passer ce message, tout en insistant sur la qualité de sa réalisation. Nous allons voir plus bas comment la qualité de présentation de ce message peut influer sur sa réception.

Checklist pour le RP

Voici le type de questions qu'un RP peut se poser avant d'entreprendre une action de Relation Presse :

Qui - quel est l'acteur principal concerné ?

Quoi - quelles sont les actions dont on parle ici ?

Quand - quelles sont les dates où ces actions se produisent ?

Pourquoi - quelles sont les raisons de cette annonce ?

Comment - quelles sont les méthodes utilisées ?

Où - quels sont les lieux concernés ?

Combien - quelles quantités sont impliquées ?

Pourquoi est-ce que cela est important ? Des nouveaux produits sont lancés chaque jour. Pourquoi celui-ci serait-il plus important qu'un autre ?

Et ensuite - s'agit-il d'une action qui aura des répercussions ?

Combien de temps - quelle est la portée de cette annonce ?

Qui est en compétition - est-ce que la concurrence s'est déjà positionnée sur ce terrain et quels sont les atouts respectifs ?

2. La structure

Quel que soit le message que vous entendez faire passer, il peut être décliné sous la forme d'un plan. Cette organisation doit faire ressortir d'une façon maîtrisée les points clés de l'annonce que ce soit dans un communiqué, un discours, une présentation vidéo ou autre forme. Ainsi, dans le cas d'une nouvelle montre intelligente, nous pourrions avoir la structure suivante :

1. Le pari du luxe

2. Un designer de renom, Bello Gacchi

3. La qualité des composants utilisés

Pour le 1er point, l'entreprise expliquerait pourquoi ils ont choisi de proposer un lecteur plus cher que la moyenne en ciblant une clientèle plus raffinée.

Pour le 2ème, ils expliqueraient qui est Bello Gacchi, le designer choisi, quelles sont ses réalisations majeures, en quoi son "œil" a été déterminant pour créer le nouveau lecteur Blu-Ray.

Le 3ème point permettrait d'approfondir des aspects tels que la fiabilité du fait de la qualité des mécanismes internes de la machine.

Une structure totalement différente pourrait être :

1. Une différenciation par l'esthétique

2. Les français veulent des objets plus beaux

3. Ce n'est pas qu'une belle coquille…

À partir d'une telle structure, l'argumentaire serait différent. Le RP de Tech-Pass qui appelle un journaliste ou le manager effectuant un discours expliquerait en premier lieu que l'objectif principal a été de créer un bel objet avant tout autre considération.

Le deuxième point consisterait à brandir des enquêtes montrant que ce facteur est plébiscité par la population.

Le troisième point expliquerait que ce critère d'exigence a également été respecté à l'intérieur de l'appareil.

La structure choisie va faciliter la communication du contenu.

La présentation

Ce point est essentiel. Il existe des dizaines et dizaines de façons de véhiculer un contenu. En tant qu'écrivain, il m'est arrivé de réécrire jusqu'à quatre fois, sous une forme à chaque fois différente, un chapitre de roman. Une même histoire sera contée différemment selon qu'il s'agit de l'intégrer à une nouvelle, une lettre d'amour, un film d'horreur, un compte rendu destiné à un avocat…

Certaines formes facilitent la transmission du contenu. Ceux qui ont écouté les CD *Anthology* des Beatles ont pu percevoir un tel fait : on y entend certaines versions dépouillées de grands hits du groupe tels que *Something*. Il en ressort qu'un énorme travail avait été effectué sur les disques publiés à l'époque pour présenter ce contenu sous une forme la plus riche possible. Sur la version de *Something* présente sur l'album *Abbey Road*, la chanson a été bonifiée par une orchestration fouillée, des changements de tempo, un solo de guitare… La présentation, c'est cela !…

Un tel principe s'applique à la communication d'un contenu destiné à la presse : certaines formes font passer le message d'une meilleure façon que d'autre.

Sur la page qui suit, se trouvent une dizaine d'accroches différentes pour la nouvelle montre de Yahuzi.

"Yahuzi sort une nouvelle montre intelligente. Fiable, belle."

"Les montres intelligentes sont trop chères ? Et alors ? Yahuzi Watch est ma montre des esthètes, ceux qui méprisent l'ordinaire et le clinquant."

"Vous en avez ras-le-bol des montres toutes moches et qui tombent en panne pour un rien ? Yahuzi impose un nouveau critère d'excellence. Nos concurrents sont verts de jalousie !!!"

"Vous pensez que toutes les montres intelligentes se ressemblent ? Alors, la nouvelle Yahuzi va vous surprendre. C'est une séductrice née."

"Design ultra-fin, mécanique de pointe, fonctions multiples. Découvrez la nouvelle montre de Yahuzi."

"La nouvelle montre de Yahuzi est d'abord un plaisir pour les yeux. On en oublierait presque de parler de ses incroyables capacités."

"Si Mozart ou Picasso vivaient aujourd'hui, ils auraient probablement acquis une montre Yahuzi…"

"La nouvelle montre Yahusi est si belle qu'elle vole la vedette à votre costume."

" La nouvelle montre Yahusi s'adresse au romantique qui sommeille en vous. Elle est à l'image de ce que vous appréciez : élégante, robuste, soignée dans le petit détail."

"Toute ressemblance avec un tapis volant est fortuite… En dépit de sa somptueuse apparence, la nouvelle montre Yahusi ne permet pas de s'envoler dans les airs. C'est du moins la version officielle !"

En lisant ces diverses accroches, vous avez sans doute ressenti des impressions différentes, alors qu'il évoquait à chaque fois le même contenu. Si le message est donné de façon prétentieuse et égocentrique, votre affection pour cette annonce a été tempérée d'autant. S'il est donné de manière factuelle, vous peinez à lui accorder votre attention. D'autres formes, plus raffinées ou mystérieuses ont sans doute dû accrocher votre attention et susciter votre affection. Il va de soi qu'il faut aller dans ce sens.

Lorsque vous préparez une conférence de presse, un événement ou même un simple communiqué, réfléchissez aux diverses façons de mettre en scène le contenu sous la forme la plus agréable possible.

Une certaine originalité peut y aider. Ainsi, une édition avait choisi un jour de faire intervenir des comédiens de la ligue d'improvisation lesquels faisaient semblant durant une bonne partie de la conférence d'être des journalistes mécontents. L'effet avait été mémorable.

Une autre avait choisi comme décor idéal pour lancer un produit sur Monet d'inviter les journalistes dans la maison jadis habitée par ce peintre.

Dans le cas d'un simple communiqué de presse, une formule inattendue (du type "Si Mozart ou Picasso vivaient à l'heure du DVD...") pourrait suffire. Mais cela pourrait également être un papier d'une couleur agréable à l'œil, une police de caractères amusante, etc.

La règle à suivre pour un communiqué de presse est d'écrire d'une manière claire et engageante à l'intention de lecteurs ultra-pressés !

Nous reviendrons avec force détail sur ces trois points (contenu, structure et présentation) dans un autre chapitre de ce livre, celui dédié aux conférences de presse.

Conseils au Responsable Presse

Gérer les exclusivités

S'il est entendu que chaque magazine se bat pour obtenir l'attention des lecteurs et se différencier de la concurrence, il en ressort que les informations exclusives sont d'une importance majeure. Les exclusivités qu'un journal a obtenues dans le passé amènent les lecteurs à associer son nom avec une certaine qualité d'information.

L'exclusivité est importante aux yeux du journaliste car elle renforce sa position auprès de celui qu'il doit séduire en permanence, le rédacteur en chef : une exclusivité peut se retrouver en couverture du magazine. Certains journalistes construisent même leur carrière et leur réputation en multipliant les exclusivités.

Comment le Responsable Presse, qui est censé maintenir un capital d'**affection** élevé auprès de l'ensemble des magazines, peut-il gérer ce facteur qui va consister à accorder la priorité à un seul magazine ? Par définition, le RP doit servir tous les journalistes…

Plusieurs solutions sont possibles.

. Le Responsable Presse peut gagner à diffuser une information en priorité à un magazine influent, si ce dernier s'engage en retour à la traiter d'une manière particulièrement voyante : présence de l'annonce en couverture, article couvrant plusieurs pages intérieures. Mais il doit alors faire en sorte que l'exclusivité suivante ne soit pas donnée à ce même magazine.

. Une autre façon de procéder consiste à annoncer le **changement remarquable** à l'ensemble des journaux. En revanche, un média unique obtient l'exclusivité d'un briefing plus approfondi, d'une visite des laboratoires, d'une discussion avec les concepteurs.

. Une troisième méthode consiste à dispenser la nouvelle à tous les journalistes, mais à donner à ceux qui reviennent vers vous des éléments exclusifs. En clair, vous distillez à ces journalistes quelques informations isolées dont eux seuls vont bénéficier. Le message à faire passer alors est : "personne d'autre ne m'a demandé cela. Je ne donne cette information supplémentaire qu'à vous." Le journaliste peut ainsi dire à son rédacteur en chef qu'il a obtenu quelque chose qui surpasse le communiqué de presse et qu'il est le seul à l'avoir eue.

N'exigez pas le retour des produits

Si possible, estimez que ce qui a été envoyé au journaliste lui est confié une fois pour toutes. Ne lui demandez pas de vous renvoyer les photos de presse, les CD ou DVD de démonstrations… Évidemment, la chose peut être différente s'il s'agit d'un prêt de prototype dont vous ne disposez que des rares exemplaires ou encore d'un produit particulièrement coûteux. Si ce n'est pas le cas, tâchez au moins d'éviter tout ce qui pourrait faire perdre du temps au journaliste, en particulier s'il est freelance. Prenez donc en charge l'expédition comme le retour de ce produit.

Faut-il offrir des cadeaux ?

Est-il utile ou non d'offrir des cadeaux au journaliste ? La réponse n'est pas simple et suppose un certain doigté. Elle dépend en premier lieu du milieu dans lequel baigne le journaliste.

Les cadeaux portant l'estampille de la marque (celle de l'entreprise) sont souvent une bonne idée car ils renforcent le capital **attention**. Il n'est pas nécessaire d'effectuer de grandes dépenses en la matière. Un simple T-Shirt bien coupé, à l'effigie d'un nouveau CD, DVD, jeu vidéo ou autre type de produit est souvent opportun : le journaliste va le porter de manière naturelle.

De même, les accessoires utiles pour la maison ou pour le travail du journaliste sont une bonne initiative (stylo, bloc-notes, mémoire de stockage pour ses photos…). Le journaliste va s'en servir dans ses activités courantes et cela renforce donc le capital d'**attention**.

Il importe pour l'entreprise d'utiliser de tels cadeaux portant l'estampille de la marque à cette seule fin et il est préférable d'éviter les slogans ou phrases faisant l'éloge d'un produit donné, car de tels éléments pourraient avoir l'effet inverse - décourager le journaliste d'en faire usage, le cadeau donnant alors l'impression de vouloir l'influencer !

Pour le reste, en règle générale, il faut éviter de placer le journaliste dans une position où il éprouverait une gêne vis-à-vis de l'entreprise. Offrir une bouteille de vin à l'occasion des fêtes est appréciable. Mais lorsque le journaliste reçoit une caisse de champagne pour la même occasion (c'est arrivé !), il peut décemment ressentir un certain malaise - l'entreprise pourrait-elle attendre un quelconque retour d'une telle libéralité ?

Ne sous-estimez pas les nouveaux journalistes

Les nouveaux journalistes sont une population un peu particulière. Ils viennent d'être embauchés et bien souvent, ils ne connaissent pas bien le marché. En dépit de leur inexpérience, ils peuvent avoir pour mission de couvrir un événement et de rapporter à leur rédacteur en chef un article qui tienne la route.

Le RP pourrait avoir tendance à négliger ces débutants. Comme ils n'ont pas encore de connaissances dans le milieu où ils opèrent, ils peuvent se retrouver en bout de table, personne ne leur adressant la parole. Eux-mêmes pourront hésiter à s'exprimer afin de ne pas étaler leur incompétence.

Le RP a tout à gagner s'il aide le nouveau journaliste à faire ses premiers pas.

S'il en a le temps, il peut lui proposer un petit déjeuner ou autre rencontre brève au cours de laquelle il prendra soin de l'éduquer sur le marché, de lui présenter l'entreprise mais aussi ses compétiteurs.

Vous serez gagnants à deux niveaux.

En premier lieu, le nouveau rédacteur percevra malgré lui ce monde qu'il ignore par vos yeux.

En second lieu, s'il demeure journaliste, il aura tôt ou tard une influence en tant que tel. Il se peut qu'il tienne une chronique, dirige une partie du magazine (ce que l'on appelle un chef de rubrique) ou devienne même rédacteur en chef. Le temps que vous aurez consacré à l'aider apparaîtra alors précieux car il devrait vous être reconnaissant de l'avoir traité avec égard lors de ses premiers pas.

Évitez de faire travailler les journalistes pour l'entreprise

De temps à autre, une entreprise peut requérir le concours d'un journaliste pour son magazine interne. Un RP peut également demander à un auteur spécialisé dans le domaine de l'aider à rédiger des communiqués de presse. Il est préférable d'éviter de tels rapports.

Le journaliste qui écrit pour le compte d'une entreprise et se voit rémunéré par elle se retrouve fatalement dans une position inconfortable. Est ce que l'entreprise va par la suite attendre de lui une attitude bienveillante ?

S'il teste un produit et estime, en son âme et conscience qu'il doit lui attribuer une mauvaise note, il pourra se sentir gêné vis-à-vis de gens qui sont par ailleurs, dans une certaine mesure, ses employeurs.

De plus, ce journaliste subira les reproches de ses collègues ou de son rédacteur en chef s'ils apprennent la chose - quand bien même il userait d'un pseudonyme dans le magazine d'entreprise, ce type de collaboration finit ordinairement par se savoir car ses employeurs occasionnels, plutôt fiers de l'avoir comme collaborateur, peuvent avoir du mal à tenir leur langue !

De plus, tout jugement excessivement positif d'un produit de cette entreprise - et qui serait sincère - sera regardé d'un œil soupçonneux.

Le RP devrait être conscient de tels risques et tâcher de décourager de telles liaisons.

Si l'entreprise veut s'offrir les services d'un rédacteur de talent, il peut être préférable de choisir un journaliste externe au secteur dans lequel elle opère.

Envoyer des cartes de vœux personnalisées

Les journalistes sont avant tout des êtres humains, sensibles aux petits détails de la vie.

Adresser une carte de vœux avec un message personnalisé à un journaliste peut renforcer le capital d'**affection**.

Si il ou elle devient parent, l'envoi de fleurs ou de chocolats devrait le toucher.

L'inverse est également vrai : certaines cartes et les vœux que l'on peut y trouver ressemblent à s'y méprendre à des publicités pour l'entreprise ! Par exemple, un éditeur de logiciels de gestion pourrait être tenté présenter ses vœux sous cette forme :

"Nous vous souhaitons une année en or, optimisée par l'usage des logiciels YoupeeSoft!"

De tels messages sont mal ressentis car ils donnent l'impression d'une entreprise égocentrique.

Identifiez les parasites

Il existe une petite catégorie de "journalistes" qui gravitent autour d'un secteur alors qu'ils n'écrivent jamais d'articles ou bien encore très rarement.

Il se peut qu'ils publient une lettre d'information à caractère confidentiel, qui ne touche que quelques dizaines de lecteurs tout au plus.

La chose est sans doute regrettable mais il faut en être conscient : ces parasites viennent aux conférences de presse afin de pouvoir déjeuner gratuitement et demeurent en contact avec les agences de presse car cela leur permet d'obtenir des produits gratuits.

Une fois que vous avez identifié les parasites, ne les invitez pas aux conférences de presse et pas plus aux voyages de presse. Ils vous feraient perdre du temps et de l'énergie inutile.

Si un journaliste que vous ne connaissez ni d'Eve ni d'Adam appelle un jour de la part d'un magazine, vérifiez avec le rédacteur en chef s'il a bien été habilité à écrire pour ce support.

De l'intérêt d'une bonne relation avec les journalistes

De par leur position externe à l'entreprise, les journalistes constituent une source d'informations éclairée. Si vous développez des relations amicales avec eux, il vous sera possible d'apprendre énormément de choses sur le marché, sur ce que préparent vos concurrents - ils ne vous le diront pas forcément, mais vous pourrez apprendre à décoder leurs silences ou regards suspicieux face à une affirmation.

Faites donc en sorte d'en faire des alliés en les respectant et vous accoutumant à répondre à leurs besoins, de manière professionnelle et conviviale !

5 Le communiqué de presse : optimiser leur envoi

La communication la plus régulière qui s'opère entre le Responsable Presse et le journaliste est le communiqué de presse.

. Un **communiqué de presse** concerne une annonce précise. Il a une longueur moyenne d'une ou deux pages.

. Une variante est le **dossier de presse** qui concerne également une annonce mais comporte davantage d'éléments, généralement regroupés dans un dossier cartonné : communiqué de presse, explications détaillées, photos, éléments divers…

Le journaliste va lire le communiqué de presse afin de trouver une piste susceptible de donner matière à un article, une information qu'il lui faut potentiellement développer.

Il attend d'un dossier de presse d'être plus complet et de fournir la matière à un travail immédiat. S'il concerne par exemple la sortie d'un nouveau film en video, le journaliste s'attend y trouver le communiqué de presse, les explications relatives à l'histoire du film, une biographie des acteurs et du metteur en scène, des photos libres de droit et enfin le DVD lui-même, qu'il peut donc visualiser et chroniquer immédiatement.

Le communiqué de presse constitue une ligne d'envoi "automatique" du Responsable Presse vers le journaliste - ce dernier ne le sollicite pas et il en reçoit quotidiennement un grand nombre de la part des sociétés avec lesquelles il est en contact, presque toujours par email. Le dossier de presse est un envoi plus rare car coûteux pour l'entreprise - il arrive que le journaliste en fasse lui-même la demande auprès de l'agence de relation publique après avoir lu un communiqué.

Le communiqué de presse est l'élément le plus utilisé en matière de Relations Presse. Et pourtant…

La plupart des communiqués de presse terminent dans la poubelle (que ce soit celle de l'ordinateur ou une poubelle réelle) quelques dizaines de secondes après que le journaliste en ait pris connaissance !

Pour comprendre la chose, il faut se représenter la scène quotidienne consistant pour le journaliste à lires des dizaines d'emails et à en parcourir le contenu. Si l'on considère que ce même journaliste a son propre agenda à respecter (articles à écrire, rendez-vous, interview à effectuer…), il a rarement beaucoup de temps à consacrer à une telle lecture. S'il n'identifie pas rapidement une raison majeure de conserver un communiqué particulier, ce dernier est immédiatement supprimé.

Généralement, les journalistes parcourent les communiqués de presse avec un doigt sur la touche Suppr.

De plus, en matière de communiqué de presse, l'offre dépasse très largement la demande - nous reviendrons à plusieurs reprises sur ce point. Aux yeux du journaliste elle apparaît excessive, voire démesurée. Si l'on pouvait décoder son humeur au moment où il lit ses emails ou ouvre ce courrier, nous aurions quelque chose du genre :

"Pensent-ils vraiment que je puisse avoir le temps de lire tout cela ?".

La situation est similaire à celle d'un convive ayant déjà dîné et qui se voit invité à une soirée et se retrouve face à un buffet gargantuesque, regorgeant de victuailles de toutes sortes. Ne voulant pas indisposer la maîtresse de maison, il se sent obligé de déguster quelques uns des plats proposés. Son assiette en main, il va picorer ici et là et peut-être se promettre d'y revenir. Mais l'appétit vient bientôt à manquer et il ne peut aucunement goûter à tout ce qui lui est proposé là. Au final, seuls quelques plats particulièrement aguichants auront trouvé grâce, les autres seront ignorés. L'hôte a beau insister en vantant les mérites du poulet aux myrtilles ou des chapelets d'haricots verts en sauce, rien à faire. Tenter d'en absorber plus relèverait de l'exploit.

Quelques rares communiqués de presse se révèlent pourtant fort utiles au journaliste et c'est la raison pour laquelle il s'astreint tout de même à cette tâche consistant à trier le bon grain de l'ivraie. Qui sait, dans la récolte figure peut-être une pépite ou tout au moins la route vers un gisement…

Afin de séduire le journaliste, un communiqué de presse doit posséder une ou plusieurs des qualités suivantes :

. Le communiqué de presse traite d'un **changement remarquable** ou apporte une information déterminante dans le cadre d'un sujet qui captive la presse à un moment donné.

. Il est bien ciblé.

. Il est clair et son contenu capte aisément l'**attention**.

. Il est suffisamment isolé dans le temps pour être distingué ; l'entreprise évite de submerger le journaliste de communiqués inutiles et par conséquent, l'**attention** et l'**affection** accordées par défaut à ce communiqué sont élevées.

S'il s'agit d'un dossier de presse, les mêmes éléments interviennent mais aussi celui-ci :

Le dossier de presse fait gagner du temps au journaliste car il est complet et lui permet de se mettre immédiatement au travail.

<u>A quoi sert un communiqué de presse ?</u>

Aux yeux d'un Responsable Presse, il pourrait y avoir quatre raisons d'envoyer un communiqué ou un dossier de presse :

. Obtenir qu'une actualité soit reprise dans un magazine,

. Inciter le journaliste à contacter l'agence ou l'entreprise afin d'en savoir plus,

. Apporter au journaliste des informations qu'il va conserver comme références,

. Faire plaisir à l'entreprise.

<u>Informer sur l'actualité</u>

Une partie importante des communiqués est destinée à alimenter la section d'un magazine consacrée aux actualités. Dans ce cas de figure, les journaux accorderont le maximum de place aux **changements remarquables**, et rapporteront les annonces usuelles sous forme de brèves; d'autres ignoreront purement et simplement ces dernières.

À l'heure où sont écrites ces lignes, l'annonce d'un nouveau drone grand public serait un événement banal aux yeux des médias. Si en revanche, ce nouveau drone était un chef d'œuvre de miniaturisation et aurait même l'aspect d'une mouche, il est probable qu'il serait un bon candidat en terme d'espace dans les pages accordées aux actualités.

Un nouveau robot industriel de peinture des carrosseries passerait inaperçu, en dépit de ses performances. En revanche, un robot humanoïde racontant des blagues adaptées à son public constituerait un événement incontournable pour les journalistes intéressés par ce domaine.

Un **changement remarquable** ne concerne pas forcément une sortie de produit : si AAA une société d'envergure a entamé une action judiciaire à l'encontre de BBB au motif d'un prétendu vol de brevet, un rebondissement important justifierait l'envoi d'un communiqué : "BBB apporte la preuve qu'elle travaillait sur la technologie de traitement de l'eau avant AAA !"

Un communiqué peut ne pas concerner un **changement remarquable** mais tout de même susciter l'intérêt car il apporte du neuf sur un événement attendu, qui présente une importance pour le journaliste et son lectorat.

Un communiqué portant sur la publication prochaine de la biographie d'un financier jusqu'alors fort discret sur sa vie constituerait un **changement remarquable**.

Si la parution de cette biographie est retardée, un nouveau communiqué annonçant que la publication du livre est repoussée de six mois serait justifié. Finalement, un communiqué envoyé un mois avant la sortie effective du livre sera tout aussi adéquat.

Inciter le journaliste à contacter l'agence

Un autre motif valable d'envoi d'un communiqué de presse peut être d'intéresser les journalistes réalisant des descriptions/tests de produits ou de grandes enquêtes sur un domaine, à contacter l'entreprise ou l'agence de relations publiques pour obtenir davantage d'informations.

L'éditeur d'un nouveau livre procède souvent ainsi. Les médias sont informés un ou deux mois à l'avance de l'apparition prochaine de l'ouvrage par le biais d'un communiqué qui peut être assorti d'un lien vers un extrait.

Le livre lui-même n'est envoyé qu'à ceux qui en font la demande. En procédant ainsi, l'éditeur s'assure que l'objet culturel en question sera adressé uniquement à ceux qui sont susceptibles de lire et de le chroniquer.

Dans cette mesure, le communiqué de presse permet d'optimiser la seconde phase de l'opération de Relations Presse qui consiste à obtenir des articles de fond sur le livre.

Chaque fois qu'un élément détient un caractère potentiellement désirable aux yeux du journaliste, le communiqué peut ainsi agir de filtre.

Si une artiste telle que Beyonce vient à Paris, et que la maison de disque dispose d'une vingtaine de billets aux journalistes, elle peut utiliser le communiqué pour appâter ceux-ci. Il en serait de même pour un salon organisé en bordure de la Méditerranée et pour lequel la société organisatrice ne disposerait que d'un nombre limité de chambres d'hôtels.

Un autre cas de figure serait la sortie prochaine d'un robot ou objet high tech pour lequel l'agence n'a reçu qu'une dizaine de prototypes en test.

<u>Apporter des informations de référence</u>

Certains journalistes aiment suivre l'évolution d'une entreprise ou d'une personnalité afin de pouvoir apporter à tout moment un avis éclairé sur ce qui les concerne. Ils sont donc à l'affût d'informations de référence. De même, si un journaliste travaille sur un sujet particulier à un moment donné, il va volontiers mettre de côté toutes les informations reçues sur le sujet.

Les chiffres de ventes d'un produit, les évolutions de parts de marché, la signature d'un contrat majeur et autres informations du même type peuvent donc légitimer l'envoi d'un communiqué de presse. Si le Responsable Presse fait en sorte que le récit soit aussi bref que possible et se contente d'apporter l'information essentielle, il peut contribuer à augmenter l'**attention** accordée à l'entreprise.

Faire plaisir à l'entreprise

Si un communiqué ne devait répondre qu'à la quatrième raison, il vaudrait mieux ne PAS l'envoyer - voir le chapitre 3, section "Ce que le Responsable Presse doit faire comprendre aux dirigeants de l'entreprise". Si le dirigeant d'entreprise peine à comprendre le point de vue du Responsable Presse en la matière, il existe un test facile à effectuer. Récoltez quelques communiqués de presse publiés par les concurrents et demandez-lui de les lire. Demandez-lui s'il parvient à s'y intéresser. Expliquez-lui alors que les journalistes reçoivent quotidiennement des dizaines de messages de ce type et que le premier objectif, c'est d'éviter qu'un communiqué soit supprimé au bout de quelques secondes.

Cibler plutôt que submerger

L'envoi d'un communiqué de presse est une science. Elle nécessite d'être en éveil vis-à-vis des médias d'un domaine et d'identifier leurs besoins, de savoir trouver les mots qui vont captiver rapidement l'audience, et de faire passer le message rapidement et clairement.

Il peut sembler étonnant du point de vue d'une entreprise d'avoir à limiter sa communication. Il faut pourtant la doser de façon à la rendre optimale. Lorsqu'un récipient est rempli à ras bord, il ne peut plus accueillir davantage de liquide. Et indubitablement, les journalistes reçoivent un nombre de communiqués de presse assez énorme. Des dizaines et dizaines chaque jour s'ils opèrent dans certains domaines. Si vous les questionnez, ils vous diront invariablement qu'ils en reçoivent TROP.

En conséquence, la réception de la plupart d'entre eux suscite un réel agacement. La lecture des communiqués de presse est réellement vécue comme une corvée et de nombreux journalistes font en sorte de la liquider au plus vite, en éliminant les neuf dixièmes de ce qui a été reçu !

La chose est également vraie pour certains dossiers de presse qui à défaut d'être complets peuvent être inutilement volumineux.

Si tel est le cas, de tels dossiers encombrants sont vécus comme une nuisance par le journaliste puisqu'ils nécessitent tout simplement de grandes poubelles. Telle est la cruelle réalité des faits.

Il faut en premier lieu que le communiqué ou le dossier de presse sorte victorieux d'une première étape en évitant d'être supprimé ou jeté. Comment faire pour qu'il en soit ainsi ?

Passer les fourches caudines des toutes premières secondes

Dès les premières secondes, un journaliste va éliminer ou conserver un communiqué de presse selon le critère suivant :

Est-ce que ce communiqué me concerne ?

Si ce n'est pas le cas, son destin est fixé. Il prend irrémédiablement le chemin de la corbeille. Pour celui qui a passé des heures à rédiger un tel communiqué, la chose pourrait sembler cruelle et injuste. Cependant, imaginez qu'au cours d'une journée, vous ayez à décrocher quatre ou cinq fois le téléphone pour rien. Un chiffre a été mal imprimé sur le bottin et ceux qui désirent appeler le fleuriste du coin appellent par mégarde chez vous. Au bout d'un certain temps, vous seriez un peu énervé par de tels appels. Le journaliste qui parcourt un peu trop d'emails comportant des communiqués qui ne le concernent pas finit par ressentir une pareille impression.

Il importe donc de déterminer en premier lieu l'audience potentielle du communiqué.

Cibler le média

Avant d'envoyer un communiqué, vous pouvez vous poser les questions suivantes :

. Est-ce que le public de ce média risque réellement d'être intéressé par l'information que vous voulez lui envoyer ?

. Est-ce que le type de média visé a déjà couvert ce type d'informations ?

. Est-ce que vous pouvez imaginer dans quelle section du magazine, dans quelle partie des programmes radio ou TV de telles informations ont des chances d'être utilisées ?

Si ce n'est pas le cas, il se peut que le communiqué soit inutile pour ce type de support.

Différencier les médias

Il est aisé de différencier les médias sur un critère simple : le type de lecteur, d'auditeur ou de téléspectateur. Quelques exemples seraient :

. les femmes de 25 à 35 ans,

. les étudiants,

. les consommateurs d'un type d'article,

. les passionnés d'un sport ou d'un hobby donné,

. les lecteurs intéressés par les actualités nationales et internationales,

. les distributeurs d'un type d'article,

. les habitants d'une région (intéressés par les actualités locales), etc.

Comme il est rarement possible d'écrire un communiqué de presse différent pour chaque type de publication, il faut prévoir une accroche aussi large que possible mais aussi cibler soigneusement l'envoi. Il s'agit d'un art à part entière pouvant nécessiter des rubriques assez détaillées au sein d'un fichier.

À titre d'exemple, un communiqué relatif à un nouveau disque du groupe Muse peut concerner la presse musicale, la presse nationale (rubrique culturelle), la presse touchant les étudiants, etc. Mais il serait malaisé de l'envoyer à un magazine traitant du football ou à un autre, généraliste, ciblant les femmes de plus de 40 ans.

Dans un même ordre d'idée, il se peut qu'un communiqué de presse particulier ne soit pas approprié à la presse régionale - comme l'organisation d'un spectacle mineur à Paris. Envoyer un tel communiqué n'aurait donc qu'une incidence négative sur l'affection. En revanche, la tournée nationale d'un artiste dans les principales villes de France justifierait l'envoi d'un communiqué à de tels journaux régionaux.

Certains journaux ne parlent jamais des nouveaux produits ou du moins très rarement. Il faut alors user de doigté. Si un quotidien traite avant tout de l'activité économique des entreprises, l'informer de la sortie d'un nouvel aspirateur n'aura aucun effet désirable. En revanche, l'envoi du communiqué serait opportun si l'annonce risque d'avoir une répercussion économique, comme par exemple, le lancement d'une nouvelle technologie (aspirateur-robot) à prix compétitif.

Il peut arriver qu'un magazine ne publie jamais d'informations sur un sujet donné. Par exemple, certains journaux ne couvrent pas les nouveaux livres parus sur un secteur donné. C'est à ce niveau que le Responsable Presse doit user de son art du relationnel. Lors d'un déjeuner où est convié le rédacteur en chef, il peut tenter de comprendre pourquoi ce magazine ne parle jamais d'un tel sujet et d'influer en ce sens.

Ciblez les journalistes au sein du média

À l'intérieur des médias, il faut cibler soigneusement les journalistes. Les agences de presse gèrent des fichiers de journalistes et ceux-ci sont parfois mal optimisés ou peu à jour. Il peut être intéressant d'affecter de temps à autre un stagiaire à la mise à jour de cette base de données. Un tel fichier peut requérir un niveau élevé de détail.

À défaut, certaines agences de relations publiques choisissent d'adresser le communiqué au rédacteur en chef en espérant qu'il le redirigera vers qui de droit. Il le fera parfois mais rechignera souvent à le faire de manière systématique. Il importe donc d'entrer en relation avec le rédacteur spécialisé dans ce type de produit et de lui adresser directement un tel communiqué.

Dans le cas du groupe Muse, si le communiqué est envoyé à un hebdomadaire tel que *L'Obs* ou un quotidien tel que *Ouest France*, il devrait être adressé au responsable de la rubrique musicale, mais peut-être serait-il nécessaire d'aller plus loin dans le détail de choisir le rédacteur spécialiste de la musique rock, qui pourra être différent de celui ou celle qui traite du jazz, du spécialiste de la musique classique, etc.

Les Responsables Presse doivent intégrer dans leur fichier de journalistes une ou plusieurs rubriques permettant de cibler le communiqué ou dossier de presse de la façon la plus précise possible.

Évitez d'envoyer un même communiqué à toute la base de données

Parfois, un même communiqué de presse est envoyé à l'ensemble de la base de données journalistes d'une agence de presse, sans aucune distinction. L'idée sous-jacente, c'est qu'un envoi en volume ne saurait être mauvais en soi. Elle ne se vérifie pas dans les faits.

Si un journaliste est affecté au test des nouveaux produits, il sera agacé de recevoir des communiqués annonçant un changement à la direction commerciale, la mise en place d'une nouvelle usine, le rachat d'une autre société, une baisse de prix pour les fêtes de Noël...

La situation la pire se produit lorsqu'une agence de presse extérieure couvre divers types de clients. Il arrive alors que des journalistes reçoivent des informations concernant un secteur totalement étranger à celui dans lequel ils opèrent. Ils assimilent cela à du bruit et il peut en résulter une baisse d'**affection** pour l'agence de presse elle-même : "Ah ! Encore un communiqué de cette entreprise qui ne me concerne pas et sur laquelle je n'écrirais jamais de toute façon. Pourquoi est-ce que l'agence X m'envoie tout cela ?"

Ce qu'il faut éviter, c'est que le destinataire ne se sente absolument pas concerné et se demande pourquoi une information donnée lui est adressée.

Différenciez la presse consommateur et distributeur

Si le communiqué parle d'un nouveau produit, il est probablement nécessaire de le rédiger sous deux formes différentes :

. il faut prévoir un premier communiqué descriptif à l'intention de la presse de grande consommation,

. il faut prévoir un autre communiqué mettant en avant les aspects liés à la vente du produit pour la presse de distribution,

Lorsque le magazine touche un public de consommateurs, le communiqué va faire ressortir les avantages du nouveau produit au niveau de l'usage. L'objectif ici, est de séduire le journaliste afin qu'il relaie de telles données au lecteur du magazine.

Dans le cas d'un magazine destiné aux distributeurs et revendeurs, le discours est d'une autre teneur. Les lecteurs de tels médias sont davantage concernés par des informations pratiques telles que la campagne de promotion mise en œuvre, les réductions sur les achats en volume…

En clair, le communiqué sera différent selon qu'il s'adresse à l'un ou l'autre de ces destinataires. Ils n'ont tout simplement pas le même besoin.

<u>Ne submergez pas les journalistes de communiqués presse</u>

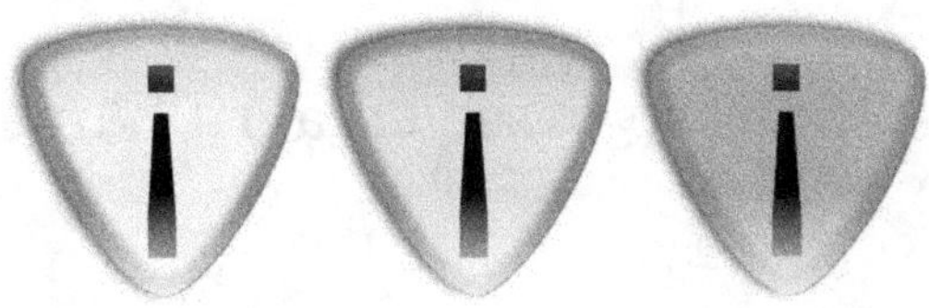

Certaines entreprises ont pour pratique d'inonder la presse de façon régulière.

Il arrive qu'un dirigeant ait décrété en haut lieu qu'il faut envoyer une dizaine de communiqués de presse par mois, qu'il pleuve qu'il vente ou qu'il neige. Le moindre événement donne lieu à une communication vers les journalistes : "la Mairie de Saint Balouec passe commande d'une centaine d'éléments de décoration urbaine de La Fondamière ", "La Fondamière agrandit son espace de stockage de 100 m2", "Le site Web de la Fondamière fait l'objet d'un nouveau design".

L'entreprise qui adopte une telle politique pense sans doute qu'en agissant ainsi, elle va conserver vive l'attention des journalistes. Dans la pratique, c'est le contraire qui se produit. Une telle pratique est dommageable.

Imaginons que la chose se passe en avril d'une année :

2 avril : un communiqué annonce la sortie imminente du téléviseur intelligent Bim 200,

5 avril : un communiqué informe de l'ouverture du site Web relatif à la tablette lancée un mois plus tôt, la Bim Pad,

10 avril : un communiqué se félicite des dizaines de milliers de connexions sur le site de Bim Pad.

12 avril : un communiqué annonce 20 000 pré-commandes de Bim 200 dans la grande distribution,

18 avril : un communiqué explique que Bim 200 est enfin disponible en magasin,

25 avril : un communiqué récapitule les messages enthousiastes reçus sur le site Web des utilisateurs de Bim Pad,

30 avril : où l'on annonce que Bim-Audio est en cours de développement…

Lorsque des sociétés agissent ainsi, il s'ensuit un étrange effet : leur communication est assimilée à du "bruit" (William Shakespeare aurait dit "beaucoup de bruit pour rien...) Dans la mesure où l'agacement atteint un niveau élevé, l'**attention** qui est accordée à cette entreprise devient de plus en plus faible.

La sanction d'une telle façon de procéder intervient tôt ou tard. Le jour où l'entreprise annonce réellement un **changement remarquable**, ce message n'est plus distingué du reste, il est noyé dans le bruit ! Il se peut alors que cet événement soit ignoré des journalistes, ou soit fort peu relayé. Au niveau des Relations Presse, il s'agit donc d'une erreur.

Une bonne communication ne consiste pas à inonder la presse d'information mais à l'informer au moment opportun de changements remarquables.

Optimisez la méthode d'envoi du communiqué

Les deux méthodes essentielles d'envoi d'un communiqué sont : par la poste ou par e-mail. Il peut être bon de vérifier auprès de chaque journaliste quelle est la méthode qu'il préfère. Voici toutefois quelques clés relatives à l'efficacité potentielle de chacune de ces méthodes.

E-mail

Comme tous les journalistes ont désormais une adresse e-mail, la quasi totalité des agences envoient aujourd'hui les communiqués sous cette forme. Pour le Responsable Presse, ce type d'envoi présente de nombreux avantages : pas de pages à imprimer, à mettre sous enveloppe, de sacs à porter à la poste. De plus, l'annonce parvient immédiatement à ses destinataires.

L'avantage, c'est qu'il possible d'agrémenter l'annonce de liens multimédias : vidéo sur Youtube, fichiers audio que l'on peut écouter, présentation animée sur un site Web.

Le revers est le suivant : lorsqu'un journaliste consulte son courrier électronique le matin, il a souvent des dizaines et dizaines de nouveaux messages, parmi lesquels figurent les nouveaux communiqués. Lorsqu'il consulte cette liste, il lui suffit d'un simple geste - appuyer sur la touche Suppr - pour effacer un communiqué entier sans même en avoir pris connaissance : il se fonde alors uniquement sur le titre pour se décider que cela ne l'intéresse pas.

Attention : si vous mettez juste COMMUNIQUE DE PRESSE et rien d'autre comme sujet de l'Email, certains journalistes ne prennent pas le temps de les ouvrir et les éliminent immédiatement.

Une autre pratique à bannir consiste, à se contenter dans le corps du texte de renvoyer le journaliste vers un site Web où il est censé trouver toute l'information relative à l'annonce. Il faut absolument indiquer l'information essentielle dans le corps de l'e-mail. Le lien vers le site Web doit servir de complément.

Ce que vous désirez, c'est donner au message un maximum de chances d'être lu. Si le journaliste est pressé ce jour là, il ne prendra pas la peine de cliquer sur un lien pour en savoir plus.

<u>Envoi postal</u>

Nous avons là la méthode traditionnelle. Elle est rarement en usage aujourd'hui. Toutefois, elle conserve une certaine efficacité puisque, comme ce mode de communication est plus rare, il augmente les choses de se faire remarquer.

Lorsque que le Responsable Presse adresse un communiqué par la poste, le journaliste reçoit des feuilles imprimées, qu'il va généralement empiler sur son bureau pour les consulter. Il va donc au moins prendre le temps d'aborder chaque communiqué, ne serait-ce que pendant quelques secondes. Tout effort qui aura été fait pour produire un document esthétique, bien mis en page, imprimé sur du beau papier participera à l'effort de séduction du journaliste.

Si le journaliste entend conserver l'information pour la traiter, il ne lui reste plus qu'à stocker le communiqué. Bien souvent, il va d'ores et déjà l'annoter : entourer certains passages, indiquer un commentaire à propos d'une information, etc.

Ne relancez pas les journalistes à l'excès

Certaines agences de presse appellent le journaliste pour vérifier s'il a bien reçu un communiqué donné et savoir s'il compte le traiter.

De tels appels peuvent être mal vécus car ils distraient le journaliste de son travail et peuvent le mettre dans une position inconfortable - il n'a pas forcément envie d'écrire à propos d'un produit donné et ne désire pas avoir à s'en justifier.

Qui plus est, les agences de relation presse ont tendance à confier ce travail de relance des journalistes à des stagiaires inexpérimentés, qui peuvent alors passer un mauvais moment.

Une approche qui peut fonctionner est la suivante : vous appelez pour vérifier si le journaliste a reçu le communiqué mais aussi pour savoir s'il aurait besoin d'une aide quelconque concernant ce nouveau produit ?

Ne demandez aucunement s'il compte publier un article dessus, il vous le dira généralement de lui-même s'il compte le faire. Une autre approche peut consister à appeler le journaliste pour lui suggérer une idée d'article - un journaliste est continuellement à la recherche de telles idées.

Ce n'est qu'un début...

Une fois que le communiqué a retenu l'attention du journaliste, nous n'en sommes encore qu'au tout début. Il n'a même pas encore été lu. Le chapitre qui suit va aborder la question de la forme, tout aussi essentielle que le ciblage de l'envoi.

6. Communiqués de presse : quelle forme adopter ?

Une fois qu'un journaliste a identifié qu'un communiqué le concerne, au cours des secondes qui suivent, il va se poser l'une des questions suivantes :

1. S'agit-il d'une actualité et si oui, d'un **changement remarquable** qui va se produire dans un proche futur ou qui, à la rigueur, se passe en ce moment même ?

2. À défaut, y-a-t-il ici matière à repérer ou développer une tendance ?

3. Y-a-t-il ici une idée d'article ?

4. Est-ce que ce communiqué peut nourrir une base d'information sur un sujet que je suis en train de bâtir ?

Si le communiqué répond positivement à l'une de ces quatre questions, il a alors franchi la première étape - le journaliste l'a identifié comme potentiellement intéressant pour lui et a décidé de le lire. À présent, il faut encore que le communiqué le séduise par son contenu et d'autres critères entrent donc en jeu telle que la clarté du texte et de la présentation.

C'est ici que commence une nouvelle course contre la montre : séduire en quelques dizaines de secondes… Or, la plupart des communiqués de presse ont l'effet suivant :

Le journaliste se montre prêt à accorder une attention ouverte au communiqué.

L'accroche du communiqué n'est pas assez claire et l'attention tombe un peu.

La troisième phrase abuse de termes techniques et l'attention tombe un peu plus.

Le deuxième paragraphe est trop ennuyeux.

À la fin du deuxième paragraphe, l'attention est partie et le communiqué termine à la poubelle alors que le journaliste n'a lu que le tiers de la première page !

Cette situation se rencontre avec la plupart des communiqués !

Les 8 principaux problèmes d'un communiqué de presse

Selon l'analyse de la société PRT que dirige Richard Sharpe, voici quels sont les 8 points où un communiqué de presse peut manquer son but :

<u>1. Le communiqué n'accroche pas le lecteur</u>

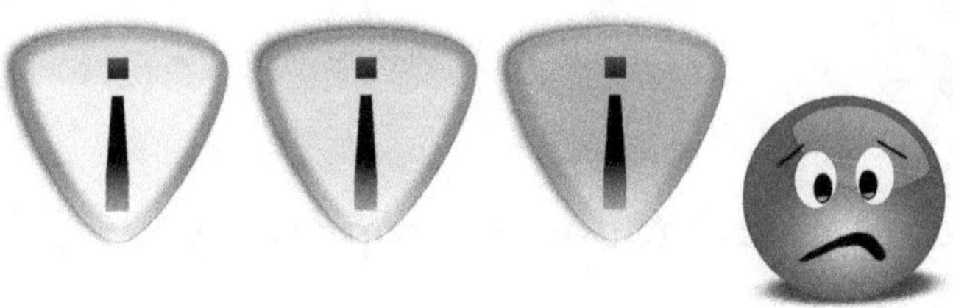

Le communiqué a été pensé en interne, sans aucune réflexion sur le public de journalistes auquel il est destiné. Il ne constitue pas un **changement remarquable** pour ce lecteur ou au moins un fait ayant une valeur dans le contexte de son travail. Les journalistes ne consacrent que quelques secondes à la plupart des communiqués !

<u>2. Il est confus</u>

Le communiqué comporte trop d'acronymes, trop de jargons. Il véhicule plusieurs messages. Il importe de hiérarchiser son contenu et de faire ressortir de façon nette les points les plus importants.

La règle est simple : soyez clair. Concentrez-vous sur un seul message et nourrissez-le avec des exemples. Contentez-vous d'une idée par phrase.

3. Il n'a pas d'utilité pour le journaliste

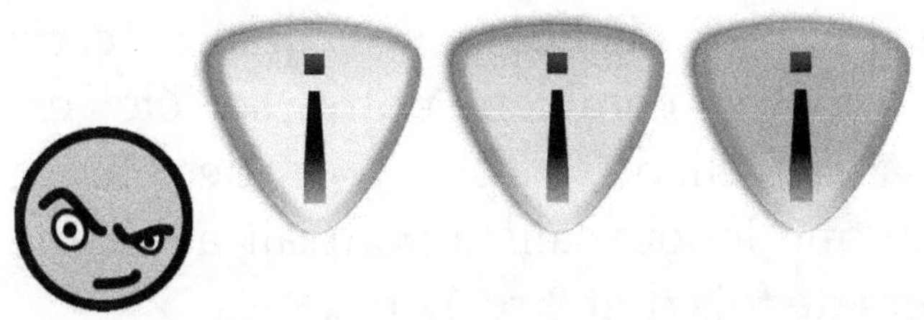

Si le communiqué se contente d'annoncer une légère amélioration d'un produit déjà apparu, de reprendre une information déjà connue par ailleurs, s'il parle d'un événement banal, il faut s'abstenir de l'expédier.

Il se peut aussi qu'il n'ait pas d'utilité pour la plupart des journalistes (exemple : Martin Vermont a été nommé directeur financier). Dans ce cas, il faut l'envoyer qu'aux quelques magazines qui couvrent ce type d'information. L'envoi des communiqués doit être ciblé.

4. Il est ennuyeux à lire

Le style d'écriture du communiqué rend sa lecture fastidieuse. Cela peut venir d'une façon de rédiger qui est ennuyeuse mais aussi d'un abus de phrases clichés telles que : "cette annonce montre combien notre société est attachée à ses clients". Tout type de phrase toute faite que le journaliste pourrait avoir lue des milliers de fois doit être évitée.

5. Qui fait quoi à qui ? Ce n'est pas clair...

Certains communiqués sont tellement denses que l'on cherche en vain à comprendre qui sont les acteurs, quelles sont les actions... En voici un exemple invraisemblable mais pourtant bien réel, reçu par Richard Sharpe en novembre 2000.

"Le Premier Adjoint au Gouvernement de la Ville de Moscou, Mr Iossif Ordjonikidze; le Président du Comité pour le Tourisme pour le Gouvernement de la Ville de Moscou, Grigori V. Antioufeev, et le Président du Groupe TRW, Tom Walkinshaw; ont signé aujourd'hui un Protocole à l'Ambassade de Russie par lequel le Gouvernement de la Ville de Moscou et le Groupe TRW se rejoignent dans une joint-venture en vue de créer et développer une installation internationale de sport de motos à Moscou."

Dans cette phrase, l'énumération des personnes et sociétés impliquées "étouffe" l'annonce elle-même. Il faut parvenir tant bien que mal jusqu'à la fin pour découvrir le seul fait important ici : l'ouverture d'un circuit sportif de motos à Moscou. L'impact de cette annonce est totalement réduit au moment où les rares lecteurs courageux arrivent au terme d'une telle lecture.

6. Il n'est pas fluide et s'égare

Certains communiqués abondent de formules complexes marquées par un syndrome ; vouloir tout dire en une même phrase. En voici un exemple :

"2014 a été une super année pour Aviral. Nos profits se sont améliorés de 10%, juste avant Noël, nous avons signé un nouveau client et durant le second semestre, nous avons effectué une percée technologique - mais vous n'en entendrez pas parler avant 4 ans."

Clairement, de telles données ont leur place dans ce communiqué, mais sous une forme plus organisée :

Un titre : "Aviral termine l'année 2004 en beauté"

Trois sous-titres :

. Nos profits se sont améliorés de 10%.

. Une multinationale vient de choisir Aviral comme fournisseur.

. Une percée technique majeure a été accomplie par nos ingénieurs.

Chacun des points énumérés ici devient ensuite le titre d'un paragraphe détaillant cette partie de l'annonce.

7. Il n'est pas clair de comprendre qui envoit le communiqué et ce qu'ils font

Quel que soit le communiqué, il importe qu'il y ait un acteur principal qui donne le « la ». La chose n'est pas toujours facile lorsqu'il s'agit d'annoncer la réunion de deux sociétés, et il peut être préférable que chacune rédige alors son propre communiqué.

Voici un exemple de titre déroutant :

"La société Aviral et la société Zarbolex ont signé un accord en vue de distribuer la poudre Plaf de la société Machefer, à destination du marché des médecines douces."

Un titre plus adéquat serait :

"Aviral se rapproche de Zarbolex"

Sous titre: "Le nouveau groupe entend aborder le marché de la médecine douce."

Dans un tel communiqué, la société Aviral est présentée comme l'élément moteur de l'annonce, ce qui en facilite la lecture. Un seul élément est mis en avant afin de ne pas surcharger l'attention.

Un deuxième sous-titre pourrait compléter le premier :

"Leur premier produit ? La poudre Plaf !"

8. Il est trop long

Le principal reproche que l'on peut adresser à la plupart des communiqués de presse concerne leur longueur excessive. Il faut éviter de délayer. Lorsque le message est passé, le communiqué doit être terminé !

Comment conserver l'attention vive

Il importe de garder à l'esprit qu'il faut happer l'attention du journaliste et que celle-ci est comptée ; le "zapping" menace à tout moment. Avant d'écrire le communiqué de presse, il peut être bon d'organiser son contenu en le découpant. Il sera ainsi possible de présenter les informations essentielles au début.

Message global

Déterminez en premier lieu quel va être le message global. Celui-ci peut alors apparaître dans le titre ou dans le premier paragraphe.

Les points clés

Faites ensuite ressortir les points clés de l'annonce en vue de leur accorder une place distincte dans le communiqué.

Un bon exercice, pas toujours évident pour celui qui doit promouvoir un produit, consiste à repérer ce qui n'est pas essentiel et à l'écarter impitoyablement du communiqué. Il FAUT pourtant s'y astreindre.

Taille réduite

Faites en sorte que le texte de l'annonce tienne sur deux pages de 1 500 signes environ. L'essentiel des informations cruciales doit apparaître dans les premiers paragraphes.

La forme 1, 2, 3

Si l'annonce nécessite d'entrer dans le détail, une forme de communiqué efficace est la suivante :

1. Une première page qui résume l'annonce sous la forme d'un grand titre et de plusieurs sous-titres sur lesquels il est possible de cliquer,

2.   Une ou deux pages secondaires dans lesquels sont repris les sous-titres et où l'on entre dans le détail de ceux-ci,

3.   Une troisième partie qui couvre des aspects techniques plus complexes de l'annonce.

Le journaliste qui reçoit une telle annonce devrait accorder son **attention** à la première feuille si tant est que les accroches sont clairement exposées. S'il estime qu'une telle annonce mérite d'être approfondie, il va aborder la partie 2. Enfin, s'il a une bonne connaissance des aspects techniques, il lira volontiers certains points de la troisième partie.

<u>Les éléments du communiqué de presse</u>

La plupart des communiqués comportent les éléments suivants :

1. Un titre ou "accroche'"

2. Paragraphe d'introduction : les points clés de l'annonce.

3. Détails de l'annonce par ordre d'importance.

4. Citation.

5. Contacts.

6. Informations sur la société.

7. Date où l'annonce sera effective.

8. Facultatif : Données plus approfondies.

1. L'accroche

Tout comme un article de presse, un communiqué doit avoir une bonne accroche. Celle-ci consiste en un titre qui incite à lire ce qui suit, idéalement l'annonce d'un **changement remarquable**.

Si l'attention du lecteur n'a pas été happée par cette accroche, le communiqué a déjà perdu sa chance.

Voici un exemple d'accroche qui échouerait à retenir l'attention du journaliste, par une surabondance de détails dans une même phrase :

"Le pilote automobile de Formule 1 Jacques Vilmar a annoncé aujourd'hui qu'il allait monter une affaire à Montréal au printemps prochain avec l'ouverture d'un bar/restaurant au croisement des rues Crescent et Maisonneuve".

Une telle phrase est bien trop fournie et nécessite d'arriver jusqu'au bout pour trouver l'information essentielle (l'ouverture d'un bar/restaurant). Une forme bien plus efficace serait tout simplement :

"Le champion de Formule 1 Jacques Vilmar va ouvrir un bar/restaurant à Montréal. »

L'information qui est apte à retenir à l'attention se trouve là. C'est celle qui peut donner envie d'entrer dans le corps du communiqué et d'en apprendre davantage. Les informations relatives au lieu et à la date de l'ouverture sont moins essentielles et peuvent être indiquées plus loin : "Ouvert au printemps prochain, l'établissement sera situé au croisement de deux rues bien fréquentées de la ville canadienne : Crescent et Maisonneuve".

2. Le paragraphe d'introduction

Le paragraphe d'introduction doit résumer l'essentiel des annonces (les fameux points clés évoqués plus haut), de façon courte et efficace, en éliminant sans réserve tout ce qui n'est pas essentiel.

Si le journaliste ne devait lire que l'accroche et le paragraphe d'introduction, il aura ainsi été informé des points capitaux de l'annonce.

Pour distinguer clairement les points clés de l'annonce, une solution peut consister à les imprimer en gras ou sous une forme colorée.

3. Les détails de l'annonce

À présent, il est possible de reprendre point par point certains des éléments clés indiqués dans le paragraphe d'introduction. Le communiqué peut donc entrer dans un degré raisonnable de détail.

À ce niveau, la qualité du texte, la façon de présenter l'annonce vont être déterminantes. Un mauvais communiqué de presse se contente de présenter l'information du seul fait que cette information existe. Aucun effort n'est fait pour tenter d'évaluer ce qui pourrait être intéressant pour le lecteur journaliste. Un bon communiqué parvient à captiver ce dernier.

Le chapitre 3, "La fonction de Relation Presse", donne divers exemples de présentation d'une annonce, dans la section "Les bases d'une communication à succès", partie "La présentation".

Quelles lignes directrices peut-on donner ici ? Une approche efficace consiste à élargir le spectre du seul produit ou de la seule annonce et l'ouvrir vers l'extérieur. Voici plusieurs façons d'y parvenir.

Bénéfices pour l'utilisateur

La façon la plus simple de rendre la description d'un produit plus vivante est de l'aborder sous l'angle des avantages pour l'utilisateur final.

Si la mémoire fournie avec un nouvel appareil photo numérique est huit fois plus importante que celle des appareils couramment vendus, le communiqué pourrait dire : "Là où les smartphones n'autorisent la prise que d'une centaine de vidéos haute définition, le nouveau Kasiok permet d'en prendre près de 1 000 ! Il est donc possible de partir en vacances et de mitrailler le décor sans souci !…"

Comparaison avec un élément connu

Une autre façon de mettre en perspective une information est de la placer dans le contexte d'une donnée familière.

En 1999, lors du lancement américain de la console Dreamcast, Sega avait utilisé la comparaison suivante : Jusqu'à présent, la somme la plus astronomique jamais dépensée aux USA en une journée avait été de 28 millions de dollars, lors de la première de *Star Wars : la Menace Fantôme*. Le 9 septembre, la Dreamcast s'est permis de multiplier ce score par trois (96 millions de dollars).

Replacée dans un tel cadre de référence, une telle donnée apparaissait sous une forme plus parlante.

4. Citations : à éviter

Depuis plusieurs années, une mode consiste à accompagner chaque annonce d'une citation d'un des hauts responsables de la société, citation qui le plus souvent n'amène rien.

Dans certains cas, elle se contente de paraphraser ce qui a déjà été dit. Dans d'autres cas, elle est articulée autour d'une réflexion "standard" qui n'a aucun intérêt pour le journaliste telle que :

"cette annonce confirme l'attachement de la société Perbec-Goussard à ses clients et sa volonté d'optimiser la qualité de service à tous les échelons de sa production et de sa distribution".

La plupart du temps, de telles citations sont ennuyeuses et inutiles. Elles peuvent inciter le journaliste à abandonner la lecture du communiqué avant qu'il ait eu le temps de lire une information importante.

Vous voulez en avoir le cœur net ? Voici une sélection de citations prises sur les annonces d'une seule journée.

""Toys R Us s'est positionné au cours des dernières années comme l'un des principaux détaillants de la nouvelle génération de produits haute technologie qui peuvent être utilisés pour les divertissements et l'éducation de toute la famille", a déclaré Mike Coogan, directeur du marketing chez Toys R Us. Notre collaboration avec Tiger Telematics aide à combler une lacune dans les produits que nous offrons et constitue une possibilité d'expansion très passionnante". Toys R Us possède 64 magasins au pays et est aussi le principal détaillant de jeux en direct par le biais de toysrus.co.uk"

"Nous nous réjouissons qu'une fois de plus UPS a fait confiance à ProLogis pour ses besoins en centres de distribution ", a déclaré Robin von Weiler, directeur pour l'Europe du Nord et l'Europe Centrale chez ProLogis. Il a poursuivi : " Aux Etats-Unis, nos liens avec UPS sont très solides et nous voulons étendre notre association à l'Europe. "

"En tant que leader et partenaire-clé dans le développement de la radio-immunothérapie, nous sommes heureux de lancer Theryttrex en Europe", a affirmé Iain Trevena, senior vice-président de la division Médecine Nucléaire chez MDS Nordion. "

MDS Nordion joue un rôle essentiel dans le développement de cette nouvelle approche thérapeutique et s'est engagé à collaborer avec les compagnies pharmaceutiques et de biotechnologie en fournissant les produits et services dont elles ont besoin pour offrir aux intervenants en soins de santé des thérapies novatrices contre le cancer."

"Nous sommes ravis de l'expansion de notre gamme de solutions et particulièrement du développement de nos systèmes hautement efficaces de cellules à combustible hybrides chaleur et électricité EtaGen5 en Allemagne et ailleurs ", a déclaré Claude Duss, président directeur général de IdaTech.
"Ces douze derniers mois nous avons conclu de puissantes alliances et nous continuons de rechercher des partenaires supplémentaires sur des marchés et technologies particuliers afin d'accélérer encore le progrès. D'autre part, l'incorporation de notre module d'alimentation exclusif PEM aux solutions de cellules de combustible IdaTech a largement élargi notre faculté d'offrir des solutions complètes de haute performance et adaptées aux besoins du client. "

Vous voyez l'effet ressenti en lisant de telles citations ?

. Est-ce vraiment primordial ?

. Est-ce agréable à lire ?

. Pouvez-vous imaginer un seul magazine qui reproduirait de telles phrases ?

Imaginez à présent qu'il faille parcourir (ou sauter) des dizaines et dizaines de paragraphes de ce type chaque matin et vous comprendrez mieux à quel point de telles citations n'aboutissent qu'à irriter leur lecteur.

5. Contacts

Indispensable, la partie "Contacts" comporte un ou plusieurs noms avec leurs numéros de téléphone et E-mails. Si le Responsable Presse est externe à l'entreprise, il faut inclure deux contacts : une personne au sein de l'entreprise et une personne de l'agence de presse.

6. Informations sur la société

À la fin de chaque communiqué se trouve un paragraphe de présentation de la société. Peu de journalistes le lisent en détail, car la plupart du temps, ils savent déjà qui est l'entreprise et aussi parce que de tels paragraphes ont tendance à demeurer identiques d'un communiqué à l'autre.

La tentation pourrait être forte de pratiquer un copier / coller d'un communiqué à un autre pour ce paragraphe. Il est pourtant préférable de mettre en exergue ce qui a été accompli récemment, de rappeler les derniers résultats, les produits majeurs lancés auparavant, des références à des enquêtes de satisfaction, etc.

Les journalistes débutants ou les rédacteurs peu au fait d'une société particulière doivent pouvoir découvrir rapidement dans ce paragraphe les données essentielles la concernant.

7. Date à laquelle l'annonce sera effective

Si le communiqué est diffusé en amont d'un événement ou d'une sortie de produit, il faut enfin inclure la date à laquelle ceux-ci seront effectifs.

8. Données approfondies

À l'intention des journalistes intéressés par les aspects plus techniques d'une annonce, pensez à inclure, si nécessaire un lien vers une page séparée, les informations détaillées concernant le produit : spécifications techniques, prix, date de disponibilité en magasin.

Exemple pratique

Voici un exemple pratique. Une quinzaine de faits susceptibles d'entrer dans un communiqué de presse sont indiqués ici dans le désordre. Tâchons de voir quels pourraient être les divers éléments cités ci-dessus.

1. La gamme de Nature & Beauté ne comporte aucun produit testé sur des animaux.

2. Le best-seller de la gamme Nature & Beauté est un sel de bain, Nature Bains.

3. Nature & Beauté lance une gamme de produits de santé pour les animaux domestiques.

4. Des minéraux issus d'une lande sont à la base des nouveaux produits de santé.

5. Les produits de Nature & Beauté ne comportent aucun produit chimique.

6. La nouvelle gamme utilise les bassins de la lande, et ceux-ci présentent des propriétés curatives remarquables.

7. Plus d'un millier de plantes ont été identifiées dans les bassins aquatiques de la lande.

8. Plus de 100 millions d'exemplaires de Nature Bains sont vendus chaque année.

9. La vie végétative a décliné dans la lande.

10. Plus de 300 ingrédients actifs ont été découverts dans les eaux de la lande.

11. Le fondateur de Nature & Beauté, Franck Palmar, a acheté 60 hectares de landes en 2012.

12. Les produits de santé pour animaux domestiques facilitent la digestion,

consolident les os et la structure musculaire.

13. La gamme pour animaux domestique de Nature & Beauté consiste en produits additifs aux aliments.

14. La lande s'appelle la Lande Hart.

15. La lande s'est formée il y a plus de 20 000 ans.

16. Plusieurs études indépendantes ont confirmé les bienfaits des minéraux issus de la lande.

Le titre

Le titre d'un tel communiqué serait le changement remarquable indiqué dans le 3ème point :

Nature & Beauté lance une gamme de produits de santé pour les animaux domestiques

Le paragraphe d'introduction

Nous avons ici une ou plusieurs phrases qui

donnent les points clés de l'annonce.

3 : Nature & Beauté lance une gamme pour animaux domestique qui consiste en produits additifs aux aliments.

12 : Ces produits de santé pour animaux domestiques facilitent la digestion, consolident les os et la structure musculaire.

6 : Cette nouvelle gamme utilise les bassins de la lande, et ceux-ci présentent des propriétés curatives remarquables.

Détails de l'annonce par ordre d'importance

Le point 12 chacun faire l'objet d'un paragraphe approprié.

Ils facilitent la digestion, consolident les os et la structure musculaire

4 : Des minéraux issus d'une lande sont à la base des nouveaux produits de santé.

Pourquoi les bassins de la lande présentent-ils des propriétés curatives aussi remarquables ?

15 : La lande s'est formée il y a 20 000 ans.

7 : Plus d'un millier de plantes ont été identifiées dans les bassins aquatiques de la lande.

10 : Plus de 300 ingrédients actifs ont été découverts dans les eaux de la lande.

16 : Plusieurs études indépendantes ont confirmé les bienfaits des minéraux issus de la lande.

De telles études pourront être citées ici.

Citation

Aucune citation ne serait nécessaire ici.

Tout au plus, le fondateur de Nature & Beauté pourrait commenter sur le point 11 comme quoi il a acheté 60 hectares de lande suisse en 2012.

Il faudrait toutefois que sa citation apporte un élément unique au communiqué : « Lorsque j'ai acheté la lande Hart, j'ignorais alors que sa végétation recelait de telles propriétés curatives. C'est à la suite de la guérison inattendue d'animaux abandonnés sur ces terres que les bienfaits des plantes qui s'y trouvent ont été révélés. »

Informations sur la société

Nous retrouverions ici les données suivantes des points 1, 2, 5 et 8.

Nature & Beauté commercialise une gamme de produits totalement naturels et non testés sur des animaux. Le best-seller de la gamme Nature & Beauté est un sel de bain, Nature Bains. Plus de 100 millions d'exemplaires de Nature Bains sont vendus chaque année.

Contacts

Il y aurait ici les coordonnées d'un responsable de la nouvelle gamme et aussi celle de l'attaché(e) de presse.

Les données écartées

L'une des données présentées plus haut n'était pas essentielle et elle n'a pas été retenue, celle du point 9 : (La vie végétative a décliné dans la lande).

Nous obtiendrions ici un communiqué assez court qui donne l'essentiel des informations aux journalistes sur une surface d'une page et demie environ.

Conseils relatifs à la rédaction d'un communiqué de presse

Eviter les termes techniques ou les expliquer clairement

De nombreux communiqués de presse pêchent au niveau du jargon utilisé. Ses rédacteurs présupposent que le lecteur journaliste va comprendre de quoi il en retourne. Or; la chose n'est pas forcément vraie.

Si le magazine a embauché un journaliste débutant pour traiter des actualités, celui-ci pourra se montrer dérouté par certains termes techniques. Le plus simple consiste à les éviter ou alors à en donner la définition sous la forme de notes de bas de page.

La question qu'il faut se poser est la suivante :

Est-ce qu'un lecteur qui n'est pas spécialiste pourrait comprendre ?

Il est préférable d'utiliser des mots clairs et les plus simples possibles pour véhiculer l'idée que l'on veut transmettre et de respecter quelques règles :

- ne pas utiliser deux mots si un seul suffirait,

- préférer un mot court à un long,

- préférer le langage courant au jargon technique.

Le Responsable Presse a une mission importante à ce niveau car c'est à lui/elle qu'il appartient de transformer l'exposé technique donné par les spécialistes de l'entreprise sous une forme lisible par tous. Il doit donc faire comprendre aux ingénieurs et concepteurs l'objectif commun qui est d'expliquer simplement leur métier, leur technique. Le RP doit contraindre ces experts à faire preuve de pédagogie, utiliser des images afin de faciliter la transmission de leur sujet.

Dans un même ordre d'idées, gardez vos phrases courtes. Vous pouvez appliquer comme règle : une phrase = une idée.

Par ailleurs, il peut être bon d'éviter l'usage excessif des subordonnées, qui compliquent parfois la lecture d'une phrase.

User et abuser des explications

Un grand nombre de communiqués reposent sur des connaissances "tacites". Le risque existe pourtant de se couper d'une partie des journalistes peu informés sur un sujet particulier. Il importe d'expliquer le plus clairement possible ce qui pourrait ne pas être clair pour un public donné.

Il est bon de savoir que la plupart des journalistes ne comprennent pas les termes financiers et que pour cette raison, ils n'apprécient pas de tels communiqués. Certes, si une entreprise veut claironner qu'elle a doublé ses revenus, il faut bien en passer par là. Pour faire passer la pilule, une façon de procéder peut consister à clarifier les termes financiers et/ou transformer ce qui serait une simple énumération de chiffres en une histoire agréable à lire.

Pour les communiqués de presse financiers, faire attention lorsque les chiffres sont américains ou anglo-saxons : il importe d'inverser les points et les virgules.

Se raccrocher à des tendances en vogue

À tout moment, il existe des thèmes qui semblent intéresser les médias. Ils peuvent être aussi divers que la sécurité, les drones, les problèmes obésité, l'équilibre entre la vie sociale et la vie professionnelle…

Si le RP détecte que de tels aspects sont importants à un moment donné, il peut tenter d'axer un communiqué autour d'un tel message. Il faut alors expliquer comment le produit en question aide à résoudre l'un de ces problèmes.

Utiliser des graphiques

Les communiqués de presse sont souvent trop bavards au niveau du texte et pas assez imagés. Or, les diagrammes sont plus parlants. Par exemple : une carte du monde montrant les endroits où une entreprise est leader sous forme colorée aura plus d'impact qu'une énumération. Un schéma de fonctionnement d'un système écologique pour les automobiles aurait la même vertu.

Les parts de marché gagneront à être affichées sous la forme de graphiques en camembert et les progressions de bénéfices sous la forme d'histogrammes.

S'il s'agit d'un aspect technique, un dessin montrant comment un aspect particulier d'un produit fonctionne est pareillement indiqué.

<u>Agrémenter l'information : chiffres et citations</u>

Des chiffres tirés d'une enquête peuvent aider à mettre en perspective une annonce donnée. Quelques exemples :

- Pour la première fois, un jeu, les Sims attire davantage les femmes que les hommes. Elles représentent 60% du public.

- 1 500 établissements scolaires en France ont adopté une tablette de la marque Mirabelle.

Par ailleurs, il est toujours bon de replacer une information donnée dans son contexte global. Le produit peut s'inscrire dans une tendance générale sur laquelle le communiqué donne des informations de marché. Un exemple serait :

« Une enquête sur les moins de 35 ans a montré que 88% d'entre eux souhaitent acquérir des objets technologiques de taille miniature au cours des six mois à venir. La puce musicale de Miniatur-Tek s'inscrit dans cette tendance. »

Des citations d'experts, de leaders d'opinion ou toute personne reconnue pour sa compétence ou son autorité peuvent contribuer à une mise en perspective de l'information principale :

« Selon la fondation Garkle pour la sauvegarde du patrimoine, les éléments décoratifs urbains de Huzbor contribuent à l'harmonie des sites classés (rapport du 12 novembre 2015) ».

Eviter le mode passif

Les journalistes ne disent pas qu'un produit est apparu, ce qui serait passif. Ils sont formés à une école qui veut qu'il y ait toujours un joueur et une action.

L'emploi du passif peut ramollir le ton d'un communiqué, comme dans cette phrase :

"34 cabines QuickBuilda ont été envoyées au Kosovo où elles seront utilisées pour fournir un logement aux services médicaux de ce pays touché par la guerre."

Elle serait plus dynamique ainsi :

"QuickBuilda a envoyé 34 cabines au Kosowo. Les autorités de ce pays entendent les utiliser pour fournir un logement aux services médicaux."

Eviter l'égocentrisme

Certaines agences de presse aiment à citer le nom de leur client dans chaque paragraphe :

"Arbalet lance un drone programmable. Le nouveau drone d'Arbalet surprend par son autonomie. Arbalet a mis un point d'honneur à privilégier la légèreté de son drone. Le module de programmation retenu par Arbalet a fait l'objet d'une recherche approfondie par les chercheurs d'Arbalet."

L'abus d'une telle pratique peut gêner la lecture. La qualité de l'information prime avant tout.

Le test final

Une fois le communiqué de presse rédigé, vous pouvez le soumettre à un test. Imaginez qu'il ait été envoyé par une société concurrente et que vous ayez un a priori négatif à son égard. Lisez-le sous cet angle.

Tâchez de voir si vous parvenez malgré tout à lui accorder un intérêt. Vous pouvez aussi demander à quelques personnes de le lire en vous indiquant sans ambiguïté quels sont les passages où l'attention retombe.

Si le communiqué est efficace, il sera lu par le journaliste et exploité en vue d'un article !

7 - Conférence de presse

Les conférences de presse ont pour objectif de faire connaître un **changement remarquable,** concernant un nouveau produit d'importance majeure, ou un événement de taille dans l'histoire de l'entreprise ou d'une personnalité publique.

Les journalistes se voient conviés dans une salle afin d'assister à une série de discours et de présentation de produits. Le plus souvent, le lieu de réception est un restaurant, le salon d'un hôtel ou une salle de l'entreprise elle-même.

L'erreur fondamentale commise par la plupart des entreprises en la matière est la suivante :

Les conférences de presse sont TROP LONGUES !!!

Pour maintenir vif l'intérêt du journaliste, il vaut mieux prévoir une conférence trop courte qu'une trop étendue, apte à les plonger dans l'ennui.

<u>Scène de la vie du journaliste...</u>

L'action se passe dans un château à quelques dizaines de kilomètres de la ville. Dans l'antichambre, les convives découvrent les petits fours et le champagne. Puis les reporters sont conviés dans la salle de restauration et se répartissent sur les tables par affinités. Tout se passe bien et les rires fusent...

Soudain, alors que l'on apporte le dessert, une jeune demoiselle monte sur l'estrade. Elle a le sentiment de casser l'ambiance mais il faut pourtant qu'elle le fasse : tous ces journalistes ne sont point venus ici que pour déguster quelques plats émérites de la haute cuisine du terroir :

— Puis-je requérir votre attention...

Elle marque une pause puis continue :

— Le temps d'une petite heure ou deux.

L'émotion se lit soudain sur les visages. Dans l'euphorie du moment, chacun avait oublié pourquoi il était venu. Pour une... conférence de presse !

Trop tard. Ceux qui ont eu la clairvoyance de se placer en bout de table, près de la porte d'entrée, gagnent discrètement les vestiaires. Pourtant la manœuvre échoue.

Une responsable de communication explique, avec politesse, que les cars ne repartent qu'après la conférence et d'ailleurs, nul ne sait où ont bien pu passer les chauffeurs. Alors, les fuyards s'en retournent penauds à leur place et comme les autres, prennent leur mal en patience. Personne ne sera épargné et chacun aura droit aux discours d'autosatisfaction, aux démonstrations interminables…

Caricatural ? À peine. Tel est l'état d'esprit ressenti par bien des journalistes durant certaines conférences de presse.

Les conférences de presse qui se révèlent passionnantes, édifiantes sont de rares exceptions.

Elles existent pourtant !

Vouloir tout dire

Si les conférences de presse sont souvent mal vécues par les journalistes, c'est parce que l'entreprise semble vouloir profiter de ce moment pour communiquer tout ce qu'elle puisse communiquer à son égard. L'idée gouvernant une telle attitude serait : "puisque nous ne voyons pas souvent les journalistes, profitons-en pour leur donner un maximum d'information". Si la conférence tourne autour d'un nouveau produit, la tentation pourrait être de vouloir le montrer dans le moindre détail.

Si l'intention est compréhensible, elle manque le but recherché. Une fois que l'attention du journaliste est perdue, la communication ne passe plus et ce qui est dit est perçu comme un vague bruit, subi tant bien que mal par les intéressés.

De la nécessité d'un Responsable Presse

Il n'est pas facile de parler de soi. Faites l'essai et vous constaterez aisément qu'il paraît dix fois plus simple de vanter les qualités d'une tierce personne que de soi-même. La chose est vraie pour les membres d'une entreprise. Ils vivent l'aventure de l'intérieur et manquent souvent du recul nécessaire pour communiquer sur eux-mêmes. Un Responsable Presse indépendant de la société est souvent recommandé car il dispose d'un point de vue externe qui favorise une mise en perspective. Un RP travaillant en interne peut entretenir la même qualité car ce poste est légèrement en décalage par rapport au reste de l'entreprise.

C'est donc au Responsable Presse qu'il appartient de prendre en main l'organisation de la conférence, son déroulement, d'aider à définir les thèmes abordés, la rédaction des discours et leur retouche. Avec à l'esprit un impératif majeur : faire en sorte que l'**attention** et l'**affection** des journalistes demeurent intacts et s'améliorent durant cet événement.

Ce chapitre comporte les sections suivantes :

1. Organiser la conférence de presse,

2. Comment formuler les discours

3. La préparation des discours

4. Le contenu des discours

5. La structure des discours

6. Le discours - présentation

7. Donner le discours

8. Démonstration

9. Ménager un temps pour les questions

<u>1. Organiser la conférence de presse</u>

<u>Changement remarquable</u>

Il ne faut jamais décider d'organiser une conférence de presse en premier lieu puis en choisir le thème. Un tel événement doit apparaître comme le plus approprié à l'annonce d'un **changement remarquable**. Il doit couler de source. Généralement, il s'agit de la sortie d'un produit majeur dans la gamme d'une société. La conférence peut également servir à faire publiquement connaître un point de vue, une prise de position sur une affaire en cours.

Une fois ce principe posé, il importe de choisir un lieu et un moment aptes à favoriser la venue d'un maximum de journalistes. Il est extrêmement déplaisant pour le RP comme pour les membres de l'entreprise d'affronter une salle aux trois quarts vide…

<u>Choisir le lieu</u>

De nombreuses agences de presse rivalisent d'imagination pour ce qui est des lieux où faire venir les journalistes, l'originalité étant perçue comme un plus. Des conférences sont ainsi organisées sur des péniches, au 2ème étage de la Tour Eiffel, dans un château hors de Paris…

Dans la pratique, de tels lieux peuvent rebuter certains journalistes. Si la distance est trop grande entre le lieu de travail et celui de la conférence, s'y rendre va paraître inutilement long et fastidieux. Il faut savoir que certains journalistes n'ont pas de voiture et qu'à défaut, ils devront prendre le train ou un autre moyen de transport nécessitant de consulter les horaires et de subir un long trajet. Il importe également de prendre en compte qu'il n'est pas toujours facile pour un journaliste de justifier qu'il doive quitter le bureau durant une partie de la journée : le rédacteur en chef peut juger que sa présence serait plus utile au journal à écrire ou finaliser des articles en prévision du prochain numéro, en particulier si le bouclage approche. S'il fallait donc édicter une seule règle en la matière, ce serait la suivante : facilitez-leur la vie au niveau des déplacements.

Un hôtel ou restaurant du quartier central de la ville, aisé à atteindre par les transports en commun est de loin préférable. Après tout, c'est l'annonce qui importe et non le lieu. Faites une estimation raisonnable du nombre de journalistes susceptibles de venir et ne choisissez pas une pièce trop grande afin qu'elle ne paraisse pas aux trois quart vide s'ils ont été peu nombreux à se déplacer.

Une fois l'endroit choisi, vérifiez que l'acoustique y est bonne. Parfois, certaines pièces produisent une mauvaise transmission du son, et l'équipement d'amplification peut ne pas fonctionner de manière optimale.

Date optimale

La date et l'heure à laquelle une conférence est organisée va influer fortement sur le degré de participation des journalistes.

Il vaut mieux éviter la période de bouclage des magazines - souvent vers le milieu du mois pour les mensuels - car de nombreux rédacteurs n'auront alors pas le temps de se déplacer. Il importe également de vérifier à l'avance si une autre société n'effectue pas une annonce majeure le jour souhaité.

Si c'est le cas, vous perdez énormément de présence potentielle et il serait préférable de choisir une autre date ou heure. Pour en avoir le cœur net, demandez ce qu'il en est à vos amis journalistes.

Horaire optimal

Il est possible d'organiser une conférence à toute heure du jour. Mais les plages horaires les plus appropriées sont le matin et le midi.

Le midi

Le midi est un moment bien pratique puisque le journaliste a généralement prévu de déjeuner.

 Si la conférence de presse démarre vers 11 heures 30, le repas peut démarrer vers 12 heures 30, ce qui permet au journaliste de regagner sa rédaction au début d'après-midi.

Un avantage de la conférence de presse organisée à l'heure du déjeuner est que les journalistes peuvent se mettre à rédiger un condensé de ce qu'ils ont appris dès leur retour au bureau. Or, un grand nombre de journalistes se révèlent particulièrement productifs durant l'après-midi.

Le petit déjeuner

Le petit déjeuner est un autre créneau apprécié, idéal pour une conférence de presse courte. L'un des avantages d'une telle formule est qu'il possible d'effectuer les discours et la présentation d'un produit tandis que les journalistes boivent un café.

Le journaliste qui est convié aux alentours de 9 heures va pouvoir généralement quitter les lieux vers 10 heures et donc pouvoir consacrer une partie de la matinée à l'écriture.

Fin d'après-midi

À défaut de pouvoir choisir le petit-déjeuner ou le midi, le mieux consiste à placer la conférence en fin d'après-midi. Le journaliste peut ainsi venir y assister après avoir accompli un certain travail. Un tel horaire permet de terminer la journée professionnelle hors du bureau, ce qui peut inciter le journaliste à venir assister à la conférence.

<u>Les horaires à éviter</u>

Le type d'horaire à éviter est 10:30 ou encore 15:00, soit au milieu du matin ou de l'après-midi.

En plaçant la conférence à un tel moment, vous mettez le journaliste dans une situation où il lui sera difficile de travailler, que ce soit avant ou après.

S'il vient à la conférence, il sera donc relativement improductif ce matin ou cet après-midi là.

Les conférences organisées en soirée sont appréciées par certains journalistes mais pas toujours pratiques. Ils peuvent avoir une vie de famille et ne pas souhaiter se déplacer ce soir là.

Ils peuvent également avoir du mal à expliquer à leur rédacteur en chef qu'ils devront récupérer le temps passé en nocturne dans un grand restaurant.

Démarrage de la conférence

Avant de démarrer la conférence, vous souhaiterez probablement que la salle se soit un peu remplie. Pour cette raison, il est préférable d'avancer l'heure à laquelle vous conviez les journalistes de 15 à 30 minutes. Par exemple, si la conférence doit démarrer à 9:00, vous pouvez les convier à 8:30. Ceux qui arrivent à l'heure seront heureux de discuter avec leurs confrères ou même avec les responsables de l'entreprise tout en dégustant un croissant et en buvant un café. Un certain nombre de journalistes arriveront en retard et rempliront progressivement la salle.

Donner le dossier de presse au début de la conférence

Une bonne règle consiste à donner aux journalistes le dossier de presse dès leur arrivée sur les lieux - plutôt qu'au moment de partir. S'ils sont arrivés en avance, ils auront plaisir à le consulter. De manière plus pratique, les journalistes aiment beaucoup prendre leurs notes sur le dos des pages des communiqués ! Une technique avisée consiste à leur fournir au passage un stylo estampillé au logo de l'entreprise.

Pour toutes les personnes devant parler à la conférence de presse, il importe de glisser dans le dossier une feuille avec son nom, la description de son poste et une photographie (afin que le journaliste puisse l'identifier aisément et connaître son importance dans la société).

Attendez-vous à ce qu'ils s'assoient au fond.

En général, les journalistes aiment peu s'asseoir près du devant de la scène. Ne vous étonnez donc point si les premiers arrivés préfèrent souvent des tables ou sièges situés vers le fond. Ne cherchez point à les placer ailleurs. Si la salle se remplit comme prévu, les derniers arrivants n'auront pas d'autre choix que de se placer vers le devant.

Ne pas éteindre la lumière

Durant la présentation d'une vidéo ou la démonstration d'un produit, il est courant d'éteindre complètement les lumières. Il vaut pourtant éviter le noir total : il importe que le journaliste puisse prendre des notes à tout moment.

Comment formuler le discours

Lors d'une conférence de presse, il est d'usage pour le responsable de l'entreprise de donner un speech. Pourtant, le moment du discours est souvent assimilé par le journaliste à un moment d'ennui. Il importe donc de le rendre le plus vivant possible.

Il n'est pas attendu que le speaker lise son texte car cela produit le plus souvent un discours peu vivant. En revanche, il est nécessaire que l'intéressé écrive au préalable ce texte afin d'ancrer les idées fortes dans son esprit. Il doit lui-même le rédiger ou bien collaborer à son écriture, faute de quoi il lui sera difficile d'en mémoriser le contenu et le déroulement.

Pour écrire un discours, 4 étapes doivent être respectées :

1. Préparation,

2. Contenu,

3. Structure

4. Présentation

La préparation du discours

La première étape consiste, à partir du **changement remarquable** à réfléchir au public de journaliste concerné afin de cerner au plus près quels sont leurs besoins. Les questions qu'il faut se poser sont les suivantes :

Quelle est l'audience à laquelle le discours est destiné ?

S'agit-il des journalistes spécialisés, de la presse grand public, de la presse féminine, financière, sportive, etc. Selon le cas, l'approche sera différente.

Que savent-ils déjà ?

Si vous présentez un nouveau produit, il est probable qu'ils en connaissent déjà d'autres du même type dans votre gamme ou dans celle des concurrents. S'il s'agit d'une annonce de type financier, ils ont pu entendre des bruits, lire des analyses… S'il s'agit de l'annonce d'un rachat, que savent-ils déjà de la société dont vous allez faire l'acquisition ? Dans le cas de la sortie en vidéo d'un film, il est probable qu'ils aient déjà vu celui-ci au cinéma.

<u>Qu'est ce qu'ils ne savent pas ?</u>

Dans la mesure où vous parlez d'un **changement remarquable**, celui-ci implique inévitablement certaines choses dont ils ignorent encore tout. Le nouveau produit dispose d'une fonction jamais vue auparavant. Vos résultats financiers sont bien meilleurs que ce que les analystes avaient subodoré. La société que vous absorbez dispose d'un brevet qui vous donne une avance de 2 ans sur la concurrence. Le DVD/Blu-Ray comporte des bonus inattendus…

<u>Que veulent-ils savoir ?</u>

Selon le type de médias, certaines informations seront nécessaires ou non. La presse destinée aux distributeurs voudra connaître les prix proposés pour les achats en volume alors que la presse spécialisée n'en aura cure.

Qu'est ce qu'ils ne désirent pas forcément savoir ?

Certaines informations ne sont d'aucun intérêt pour le journaliste car il serait illusoire qu'ils s'en servent au sein de leurs articles. Dans le cas de la sortie d'un Blu-Ray, il est peu probable qu'ils soient concernés par les difficultés rencontrées pour obtenir les droits du film.

Ne mélangez pas analystes du marché et journalistes

Si vous devez faire venir un analyste du marché, il faut qu'il monte sur la scène et apporte un éclairage à la conférence. Pour le reste, ne les mélangez avec les journalistes dans l'audience.

Ces deux types de publics ont des besoins différents. Les analystes veulent une information intégrale et pragmatique. La presse veut raconter une histoire à ses lecteurs. Il s'ensuit que les analystes trouvent les journalistes superficiels et que ces derniers estiment les analystes pompeux.

Là n'est pas tout. Le message que l'on pourra faire passer aux uns et aux autres pourra être bien différent. Un fabricant de rasoir désirera vanter les mérites d'un nouveau modèle à une assemblée de journalistes. Devant un parterre d'analystes, il apparaîtra plus pragmatique et pourra déclarer : "l'essentiel de nos bénéfices vient de la vente des lames de rechange."

À partir de telles données, il est possible de définir les grands axes qui seront exposés.

Dans le chapitre 4 relatif à la fonction de Relation Presse, nous avons abordé les points Contenu, Structure et Présentation dans le cadre d'une communication réussie avec les journalistes. Nous allons les revoir ici dans le contexte d'une conférence de presse. Il importe d'apporter un éclairage particulier à ces trois points, car, à la différence du communiqué, la conférence de presse est par essence un lieu où ceux qui interviennent risquent d'avoir à rebondir en temps réel aux questions et objections des journalistes.

<u>Le contenu du discours</u>

Vous pouvez à présent choisir quels sont les éléments dont vous allez parler lors du discours. Définissez les thèmes abordés, puis classez-les par ordre d'importance aux yeux des médias. Livrez-vous alors à un exercice pénible mais indispensable : éliminez tout ce qui n'est pas absolument crucial.

Chaque conférence est axée autour d'un contenu, celui du **changement remarquable**. Il importe de mettre celui-ci en perspective d'une séance qui va avoir lieu en "live", devant un public qui aime la controverse. Il faut donc se préparer à affronter des questions contradictoires et à savoir y répondre de façon à sortir brillamment de chacune.

Anticiper les objections

Si l'espace est de taille moyenne, comme dans une salle où l'on sert le petit déjeuner, les journalistes peuvent s'octroyer le droit d'intervenir à tout moment, que ce soit pour demander des précisions ou apporter des commentaires parfois railleurs. Dans une salle de taille plus grande, ils seront moins enclins à le faire, mais un journaliste choqué par une affirmation se sentira comme obligé de réagir sans attendre.

Le chef d'entreprise doit donc s'attendre à voir ses affirmations contestées par un public qui est au fait du domaine concerné. S'il annonce un chiffre à la légère, il est possible qu'il soit interpellé aussitôt par un membre de l'audience. Un exemple :

"Nos estimations nous amènent à penser que Jam Jam est devenu la 3ème société mondiale du secteur."

Un journaliste peut alors l'interrompre et soulever publiquement une objection :

"Les chiffres publiés par Forbes en septembre dernier vous situaient plutôt à la 8ème position !"

La meilleure façon d'éviter une telle situation consiste à anticiper si possible une telle question. Le plus simple consisterait donc à dire :

"Comme vous le savez, le classement Forbes de l'automne nous plaçait en 8ème position au niveau international. Toutefois, selon les estimations que nous avons effectuées, les parts de marché que nous avons prises au premier trimestre nous placent désormais dans le Top 5 et peut-être même en position n°3."

D'une telle façon, l'objection est désamorcée avant même d'avoir pu être soulevée.

Entraîner le manager

Certains journalistes aiment à poser des questions intentionnellement hostiles lors d'une conférence de presse. De tels moments sont cruciaux car dans la mesure où un rapport a été établi avec l'audience, il importe de s'en tirer avec élégance et brio.

Le RP doit entraîner le responsable de l'entreprise et l'aider à acquérir une aisance pour ce type de situation. Il doit notamment faire en sorte que le manager ait un certain nombre de "munitions" prêtes à servir pour mieux faire passer le message de l'entreprise : rapports d'experts, témoignages de clients, etc. En clair, chaque question agressive doit être perçue comme une opportunité de faire passer un message à l'opposé de ce qui est prétendument affirmé.

Imaginons qu'une société de distribution alimentaire veuille annoncer une diversification dans l'importation des bananes. Le Responsable Presse doit soumettre le responsable d'entreprise à des questions inamicales telles que :

"J'ai ici une coupure de presse qui dit que vendredi dernier, une vieille dame a glissé sur une peau de banane… Ne vendez-vous pas des produits dangereux ?"

Comme la question brandit le spectre d'un potentiel risque lié aux bananes, le manager pourrait répondre quelque chose du type :

"Votre question tombe à propos car j'allais oublier de citer le rapport de la Commission National d'Investigation Alimentaire. Il ressort de leur étude que ce fruit est considéré comme excellent pour la santé de par ses qualités énergétiques et nutritives. La banane comporte en effet du calcium, du fer, des minéraux, du phosphore… En plus elle ne fait pas grossir et facilite le transit intestinal. Selon ce rapport, elle est même très appréciée des sportifs. La consommation de bananes va donc dans le sens d'une meilleure sécurité des personnes car elle renforce la santé et la vivacité. Croyez-moi, si vous faites souffler dans le ballon quelqu'un qui a mangé des bananes, il s'en sortira haut la main !"

Bannir l'improvisation

La hantise des Responsables Presse, c'est de voir un manager se lancer dans une prestation décidée à la dernière minute. Il arrive que le RP découvre sur le vif, au petit matin, que celui qui doit donner un discours a passé une partie de la soirée à préparer un discours sur un thème particulier et a même pu préparer des séries de "slides" Powerpoint jusqu'à une heure avancée de la nuit.

Une telle initiative est peu appréciable pour le Responsable Presse car elle lui empêche de faire son travail de manière optimale. Si le manager effectue un discours pour lequel il entend projeter des slides, le RP a généralement à cœur d'inclure une reproduction de celles-ci dans le dossier de presse et il lui est alors difficile de le faire.

Par ailleurs, le risque existe que le manager soulève un sujet susceptible d'engendrer des questions qui n'auront fait l'objet d'aucune préparation. Il est donc préférable, à partir du moment où le contenu a été défini, de ne pas revenir dessus.

La structure du discours

À présent, vous pouvez organiser le contenu selon une séquence la plus claire possible. L'introduction doit faire en sorte d'accrocher l'attention et se montrer prometteuse de révélations. Tâchez de la rendre la plus courte possible afin d'entrer rapidement dans le vif du sujet.

Qu'il s'agisse d'un discours, d'une simple réponse à une question ou de la présentation d'un produit, certains speakers donnent l'impression de suivre un itinéraire complexe et sans logique pour exposer ce qu'ils ont à dire. Il importe, même dans le cadre d'une simple déclaration, de structurer ce que l'on a à dire.

<u>Le message global avant les détails</u>

En premier lieu, le speaker doit présenter le plan de l'exposé qui va suivre, afin de faire passer le message global avant d'entrer dans les détails. Il importe lors de cette introduction de générer une attente, de mettre les spectateurs en haleine. Ce moment est propice à obtenir une attention maximale en faisant miroiter l'annonce prochaine du **changement remarquable** et faire en sorte que les journalistes demeurent sur place jusqu'au moment où il est dévoilé.

Pour mieux comprendre la' chose, voyons un exemple de ce qu'il ne faudrait pas faire. Imaginons qu'un constructeur automobile désire annoncer la sortie d'un nouveau modèle. Toutefois, avant de le faire, il estime nécessaire de rappeler quelle est l'approche particulière de sa société. Il pourrait commencer ainsi :

"Qui sommes-nous ? Un constructeur d'automobiles différent, l'un des derniers à privilégier le soin du petit détail qui fait toute la différence. Le fleuron de notre gamme est une voiture de sport disponible en 7 modèles qui monte à 250 kilomètres heure…"

Cinq minutes plus tard, il passe au modèle suivant : "Mais nous ne négligeons pas pour autant le grand public. Nous avons lancé l'an passé un modèle familial…"

Après avoir parlé durant dix minutes autour de ce thème, il embraye ainsi : "Et comme vous le savez, il y a six mois, nous avons fait une intrusion dans le domaine des 4/4 avec un succès qui nous a étonnés…"

Pas de chance, au bout de vingt minutes d'un tel discours, l'un des journalistes estime qu'il doit impérativement quitter la salle alors que le speaker n'a pas encore évoqué le nouveau modèle de la gamme ! Clairement, l'erreur a consisté à aller tout de suite dans le détail sans avoir auparavant mis les journalistes dans un état d'esprit où ils attendent impatiemment l'annonce du changement remarquable.

Chaque fois que cela est possible, organisez le contenu en listes : 1, 2, 3… Les arguments que vous devez énoncer seront plus faciles à mémoriser et à communiquer. Et présentez dès l'introduction le plan en question, tout en insistant sur le changement remarquable.

Dans le cas du constructeur automobile, le speech démarrerait ainsi :

« Aujourd'hui, AGCar lance un nouveau modèle révolutionnaire. Un citadine ultra-compacte conçue selon un nouveau système de moteur dont les 2 points forts sont l'économie d'énergie et l'adaptabilité : elle est efficace en ville mais aussi sur route ! Avant d'entrer dans le détail, permettez-moi de revenir sur notre gamme existante afin de mieux rappeler qui nous sommes, et quelle est notre spécificité. Notre gamme actuelle comporte trois modèle : la sportive, la familiale et le 4/4. »

Il devient ensuite possible d'aborder chaque catégorie de façon plus précise. Mieux encore, la description de chaque modèle semble renforcer l'envie d'en savoir plus sur le nouveau venu de la gamme.

Vous pouvez prendre comme exemple certains romanciers qui ont le don de mettre le lecteur en haleine en maintenant le mystère sur ce qui va se passer durant un nombre raisonnable de pages...

Une séquence inverse au discours de vente

Une chose qui peut déconcerter les managers, c'est que la tactique nécessaire pour séduire un client est l'inverse de celle utilisée pour parler aux journalistes.

Lors d'une présentation à un client, la séquence suivie est :

1. les données du problème

2. les options

3. les critères pour le juger de la bonne option

4. notre décision

Lorsque l'on parle aux journalistes, la séquence est exactement inverse :

1. Voici notre décision,

2. Elle est basée sur lesdits critères,

3. Les options étaient les suivantes

4. La décision a été basée sur les données suivantes.

Supposons qu'une autorité locale désire obtenir la suppression d'un bâtiment. Afin de trouver des financements auprès du conseil régional, elle va suivre la séquence suivante :

Le problème : "Nous avons trouvé de l'amiante dans les fondations de cet immeuble".

Les options : "Nous pourrions supprimer l'amiante, recouvrir les planchers avec du béton pour piéger les couches d'amiante, recouvrir les murs pour les isoler, faire déménager les habitants puis faire exploser le bâtiment, construire une protection isolante autour du bâtiment puis le démolir".

Les critères retenus : "Les critères que nous avons privilégiés sont la sécurité de nos travailleurs, l'impact sur l'environnement, la qualité de vie des gens vivant dans le quartier, la vitesse de réalisation, les coûts et enfin les régulations européennes qui nous obligent à supprimer l'amiante."

La décision : "Notre décision consiste donc à construire un protection isolante autour du bâtiment, à le démolir, et à le remplacer par un jardin. Les habitants de l'immeuble seront tous relogés."

Dans une présentation destinée à la presse, l'argumentaire suivrait la séquence suivante :

"Nous allons bâtir une jardin là où se trouvait ce bâtiment dangereux. Avant de le démolir, nous allons établir une protection isolante afin d'éviter tout risque de fuite d'amiante et parallèlement reloger au mieux les habitants.

"Les critères qui ont guidé nos choix ont été : qualité de vie, sécurité des habitants comme des travailleurs, etc."

"Plusieurs options étaient possible. Faire exploser l'immeuble aurait posé des problèmes pour l'environnement et nous avons donc écarté ce choix…"

"Je vous livre enfin les éléments de l'enquête qui prouve que ce bâtiment était dangereux…"

La démarche est exactement inverse car vous n'avez rien à vendre aux journalistes. Vous leur véhiculez des idées, et espérez, en obtenant un supplément d'affection pour l'action entreprise qu'ils relayeront ce même message auprès du public.

<u>Le discours - présentation</u>

Comme nous l'avons vu au chapitre 3, la présentation est un élément essentiel de la Relation Presse. Dans le cas d'un discours, il importe de rendre l'expérience la plus agréable possible, ce qui implique d' éviter les exposés de type "motivation des équipes de vente" et les discours ennuyeux constitués de simples énonciations des faits.

Pour qu'un discours soit attrayant, il faut l'émailler si possible d'anecdotes, de chiffres, d'exemples vivants… D'un bout à l'autre, gardez à l'esprit qu'il faut faire croître l'attention et ne rien faire pour la réduire. Vous pouvez le concevoir sur le modèle d'un film : il est nécessaire que régulièrement, quelque chose se passe qui renouvelle l'intérêt.

Durant un discours, si un journaliste prend des notes, c'est un bon signe. Que va-t-il généralement transcrire ? Des chiffres, des faits, des exemples précis… Il serait illusoire d'espérer qu'il prenne notes de phrases trempées dans l'autosatisfaction. Rappelons qu'il doit au bout du compte écrire un article et donc, informer et divertir son lecteur.

Le plus court est le mieux

Il n'y a rien de tel pour déprécier l'affection qu'un journaliste pourrait entretenir envers une société qu'une série de discours subjectivement interminables. Tentant de passer le temps, certains vont commencer à admirer les dorures du décor, ou entamer une discussion avec leurs voisins. Leur attention n'étant plus disponible, tout ce qui est prononcé est dit en vain, tout en engendrant un sentiment d'exaspération. La formule la plus efficace est donc celle des discours brefs et vivants.

<u>Chiffres</u>

Il est toujours bon de citer des chiffres précis pour faire passer une idée. Plutôt que clamer que son entreprise est la meilleure, un manager pourrait dire :

"Nous avons vendu notre 100 millionième appareil en novembre. Notre concurrent le plus proche n'en a vendu que 22 millions !".

Citer de tels chiffres suffit à décrire la situation. Il pourrait également simuler le rapport de forces par des gestes des mains.

Un manager désireux de se présenter pourrait dire :

"J'ai été le 8ème employé de la société Balmir. Et les 7 qui ont été embauchés avant moi ont quitté l'entreprise".

En disant ceci, il ancre une image aisément mémorable dans l'esprit de l'auditoire avec plusieurs idées implicites : il était présent à l'époque pionnière de l'entreprise, il a connu les diverses évolutions de celles-ci, il est le seul à pouvoir encore apporter un témoignage sur les débuts, etc.

Une phrase telle que "j'ai fait partie des dix premiers employés de Balmir" n'aurait pas le même impact, car elle laisserait une impression vague.

Une citation digne d'être reproduite

Une citation est une phrase que le journaliste estime suffisamment brillante ou inattendue pour qu'elle mérite d'être reproduite dans son article.

Il peut s'agir d'une déclaration un tant soit peu originale, d'un point de vue qui sort des sentiers battus.

Un journaliste de haut niveau ne citera pas une déclaration telle que

"Nous sommes les leaders sur le Sud de l'Europe et l'Afrique. Notre profit sur l'année fiscale s'élève de cent millions d'euros."

Pour qu'une déclaration puisse devenir une citation, il faut qu'elle fasse apparaître une vision personnelle.

Celle-ci peut être surprenante par ce qu'elle implique comme conséquence.

"Si nous laissons ce concurrent américain entrer en Europe et imposer sa façon de faire chez nous, d'ici 2 ou 3 ans, nous sommes morts !".

"Nous pensons que le marché va rétrécir et que seules 4 entreprises demeureront en lice à la fin de la décennie. Nous pensons en faire partie et voici pourquoi… ".

Une autre chose souvent citée, est l'évocation de faits personnels, car ils font ressortir un aspect humain :

"Lorsque j'ai lancé mon entreprise, j'ai investi tout ce que je possédais. J'étais totalement exposé. Le soir, quand je regardais mes enfants dormir, je me disais : est-ce que tu as le droit de risquer leur confort ?"

Anecdotes

S'il était possible de faire un sondage à la sortie d'une conférence de presse et de demander au journaliste ce qu'ils ont retenu, les anecdotes arriveraient largement en tête. Bien des années plus tard, c'est la seule chose qui demeure en mémoire d'une conférence de presse. Celui qui les raconte devient plus familier pour le public et si l'histoire est intéressante, l'attention est à son zénith. Mieux encore, les journalistes aiment à rapporter de telles anecdotes, que ce soit dans leurs articles, ou dans leurs conversations entre eux.

Images

Les conférences de presse sont trop verbeuses, alors qu'il suffirait de montrer pour faire passer le message. La chose est notamment vraie lorsqu'il s'agit d'un produit. Rien ne vaut une bonne démonstration des points clés.

Comme pour les communiqués de presse, il vaut mieux faire apparaître certaines données sous forme graphique : histogramme de progression du chiffre d'affaire, parts de marché, etc.

Projeter une vidéo montrant les nouveaux locaux d'une entreprise sera bien plus parlant qu'une évocation verbale.

Chaque fois qu'il est possible de montrer plutôt que de simplement dire, il faut MONTRER !

<u>Les comparaisons</u>

Pour rendre un exposé plus réel, il est bon d'utiliser des comparaisons. Certains chiffres peuvent ainsi aider à rendre d'autres plus parlants. Ainsi, afin d'annoncer une nouvelle technologie permettant de créer des disques durs minuscules d'une capacité de 1 000 Go, un constructeur avait utilisé cette analogie :

"Cela revient à stocker l'équivalent de la Librairie du Congrès américaine, soit 29 millions de livres sur la surface d'une pièce de monnaie !"

Il est également possible d'utiliser des images "verbales" :

- Nous sommes la "Rolls" de cette industrie",

- Nous avons pris comme emblème le tatou à cause de sa persistance : c'est le seul animal préhistorique qui ait survécu jusqu'à notre époque,

- Notre part de marché est de 5% mais le caviar a toujours séduit un public plus restreint que le jambon beurre,

etc.

L'audience peut ainsi se représenter l'entreprise ou le produit en référence à quelque chose de connu.

Eviter le jargon

Comme pour les communiqués de presse, il est préférable d'éviter au maximum les termes techniques qu'une partie de l'assistance pourrait ne pas comprendre. Cela comprend le jargon d'un domaine, mais aussi les abréviations. Il importe de s'exprimer avec les mots les plus clairs possibles.

Il vaut mieux dire "l'adresse du site Web" qu'employer un mot comme "'URL", parler d'une fonction augmentant la puissance d'un appareil plutôt que du "boost", d'un "tempo ultra-rapide" plutôt que de d'un « BPM de 180 »…

L'une des pires manifestations du genre est le développement paresseux de termes "franglais" nés de l'adaptation hasardeuse de mots anglais au sein d'une entreprise. Ainsi, dans le domaine du logiciel, il est devenu courant d'entendre l'horrible terme "shipper" (de l'anglais : to ship) pour dire livrer. "Nous allons shipper ce produit le 15 février, etc."

Comme les journalistes ont pour métier de manier la langue, ce type de vocabulaire a tendance à les crisper.

<u>Donner le discours</u>

Nous l'avons vu plus haut : le manager ne doit pas lire le discours qu'il a préparé. Même s'il le fait depuis un prompteur discret, il en ressort un exposé souvent monotone. Il doit maîtriser les grandes lignes, se servir de ses notes comme des points de repères et tentez d'être le plus vivant possible. Dès l'ouverture, il doit tenter d'établir un lien avec l'assistance - ce peut être avec une anecdote personnelle.

Le manager doit regarder l'audience, en croisant les yeux de temps à autre avec chacun de ses membres, un à un. Il peut dans une certaine mesure bouger afin d'accentuer ce que vous exprimez ici et là. Il gagnera par ailleurs à utiliser toute la panoplie de sa voix.

Si la personnalité du manager ne se prête pas bien à une telle prestation, il peut être préférable de ne pas faire de speech ou bien de le faire très court, juste pour la forme. Il également possible pour l'orateur peu accoutumé à un tel exercice de s'aider de diapositives projetées durant le discours et de les commenter au fur et à mesure.

Quid du débit vocal ? il doit être ni trop lent ni trop rapide. Le "timing" recommandé est de 100 à 120 mots par minute, à charge pour le RP de vérifier ce point avec le manager.

Avant tout, lors du discours : OBSERVEZ la salle !

Est-ce qu'ils écoutent ? Est-ce qu'ils prennent des notes ? Est-ce qu'ils ont l'air de s'ennuyer ?

Il faut en permanence surveiller cet indicateur majeur qu'est le degré d'attention.

Si le speaker sent que l'audience s'endort, il peut raviver l'intérêt en questionnant les participants. Un exemple pourrait être de dire :

"Avant de continuer, j'aimerais savoir combien des personnes ici présentes possèdent une voiture de sport ? Combien de 4x4 ? Combien de familiales ?"

Ce faisant, il permet au public de contribuer à ce qui se passe et cela peut nettement raviver leur vivacité. Sachez toutefois qu'il n'y a là qu'une panacée et que s'il faut en arriver là, le discours était imparfait. À l'avenir, il faudra le rendre plus concis, plus "punchy"…

Une excellente pratique consiste à répéter le discours devant le Responsable Presse et à lui demander d'indiquer, d'une manière impitoyable et sans détours, les endroits précis où il commence à s'ennuyer. Il faut alors repenser et probablement raccourcir ces parties.

Ici comme ailleurs, il importe que le discours ne dure pas trop longtemps. Une durée allant de un quart d'heure à 20 minutes est adéquate.

Démonstration du produit

La démonstration du produit sera souvent bien plus parlante, aux yeux du journaliste que tout le discours qui a pu précéder. Pour cette raison, il importe de faire en sorte que le temps réservé aux speeches ne soit pas trop long - il faut à tout prix éviter que certains journalistes soient déjà partis au moment où démarre cette démonstration !

La démonstration doit présenter les points forts du produit, les plus innovants, les plus spectaculaires. Une durée optimale est de 15 minutes environ. Nul n'a envie d'assister à un passage en revue des fonctions les plus diverses, en particulier celles qui sont déjà connues de tous. Il est préférable de laisser les journalistes sidérés et sur leur faim, désireux de creuser la question.

Si la conférence de presse concerne un produit qu'il n'est pas possible de déplacer sur les lieux, la démonstration peut consister en la projection d'une vidéo.

Celle-ci doit être conçue à la manière d'une bande annonce : courte, rythmée, alléchante et prometteuse.

Une bande annonce met en avant des moments forts, de scènes phares, dans une séquence censée mettre l'eau à la bouche. Elle ne vous montre pas le film mais vous donne envie d'aller le voir. Elle met en exergue sous une forme brève quelques passages clés, et peut inclure du mystère.

Ménagez un temps pour les questions

À la fin d'une conférence, il est d'usage de prévoir un temps pour les questions. Comme nous l'avons vu, il faut soigneusement se préparer à une telle session. Certains journalistes aiment à se distinguer auprès de leurs confrères, - c'est notamment le cas des *freelance* - en posant la ou les questions pièges du jour. Ils arrivent à la conférence, étudient le dossier de presse et notamment les résultats financiers et cherchent soigneusement le talon d'Achille. Ils posent alors la question censée mettre le manager mal à l'aise. Ce qui importe, c'est de le savoir et d'y être préparé.

En la matière, la devise de certaines agences de Relations Presse est simple : "qu'importe la question, la réponse est toujours prête !".

Si l'on s'en tient à un tel adage, un certain nombre de messages ont été définis et ce sont eux qu'il faut faire passer. Quelle que soit la question, le manager doit alors placer dans sa réponse un des messages qu'il a prévu de faire passer. Cela peut demander un certain entraînement car le plus difficile est de le faire avec élégance sans donner l'air d'éviter la question et de simplement marteler ses messages d'une manière robotique.

Si une question paraît embarrassante dans le contexte de la conférence, et que le manager préfèrerait ne pas y répondre en public, il peut expliquer qu'elle est trop éloignée du thème de la conférence et proposer un entretien séparé par la suite - il se donnera ainsi le temps de préparer la réponse. Voir aussi à cet effet dans le chapitre 6 la section "Techniques d'interview".

Les questions / réponses en mode collectif ne doivent pas durer trop longtemps. Il importe de ménager un temps pour les questions individuelles. De nombreux journalistes réservent leurs meilleures questions pour cette période qui suit la conférence, car ils entretiennent une compétition avec leurs confrères.

Apprenez par ailleurs à gérer les journalistes de télévision. Ceux-ci aiment interroger les gens de l'entreprise, mais la préparation de telles interviews peut prendre énormément de temps, car il faut installer les lumières, la caméra, régler les appareils de capture de vidéo et de son. Il importe de planifier de telles entrevues filmées de telle façon que les journalistes de presse écrite n'aient pas trop à attendre.

Il existe clairement de très bonnes conférences de presse. Certaines sociétés savent les organiser d'une façon qui invariablement enchante les invités. Et nous pourrions les résumer en quelques mots clés : courte, efficace, vivante et divertissante !

8 - Interviews

L'interview est forme d'expression particulièrement appréciée au sein d'un magazine. Les lecteurs apprécient généralement de telles pages, car elles sont agréables à parcourir. Le mode question / réponse rend le propos dynamique et plus vivant qu'un simple article. L'interviewer peut rebondir sur les déclarations effectuées par l'interviewé, et faire surgir des réponses inattendues.

L'interview permet d'aborder un sujet relativement complexe sous une forme plaisante et accessible. En effet, celui qui est interviewé se doit d'être compréhensible dans son discours par celui auquel il parle. Au besoin, ce dernier va lui demander de clarifier certains termes, certaines idées...

Celui qui est questionné peut clairement avoir tout à gagner à un tel entretien. L'interview peut faire ressortir des facettes personnelles de l'interlocuteur, qui le rendent plus attachant. Il s'agit donc d'une forme d'expression idéale pour faire monter le capital d'**affection** !

L'interview a pour objectif de faire monter le capital d'affection général envers la personnalité interviewée.

Bien menée, l'interview profite à tous : au magazine qui accueille ainsi des pages appréciées des lecteurs, au journaliste qui conduit l'entretien et se voit valorisé au passage et enfin, à celui qui est soumis aux questions et se fait mieux connaître du public.

Les Responsables Presses doivent faire tout ce qui est possible pour décrocher des interviews à leurs clients. Ils ont également pour tâche de préparer les intéressés à répondre de façon naturelle et professionnelle. Il faut parvenir à « slalomer » de façon à éviter deux écueils :

- un discours « langue de bois », tellement composé de phrases toutes faites qu'il ne présenterait pas d'intérêt pour le lecteur,

- une approche si décontractée que l'interviewé en vient à émettre quelques phrases qu'il pourrait regretter.

Entre ces deux extrêmes, il existe une large avenue. Le but recherché est de pouvoir des interviews chaleureuses et vivantes, dont le propos est maîtrisé de bout en bout.

La face noire des interviews

Certains chefs d'entreprise pourraient entretenir l'idée que le temps consacré à donner des interviews est au mieux, du temps perdu et au pire, une affaire à haut risque. Il peut paraître plus important de se concentrer sur les clients et sur les actionnaires.

Les journalistes ne sont pas toujours de bonne compagnie. Ils peuvent poser des questions qui déconcertent et vous pousser dans vos retranchements. Certains gagnent leurs galons de par leur talent à coincer l'interviewé, en répétant une question piège aussi longtemps qu'il est nécessaire. Nombreux sont ceux qui ont amèrement regretté une interview donnée. Certaines personnalités bien en vue ont eu un jour à pâtir d'une phrase malencontreusement.

Certains médias ont le don de mettre en exergue une petite phrase isolée, lâchée sans y penser comme dans une conversation donnée de façon détendue, poussé par la convivialité du moment. Imprimée en gros caractères sur une page, elle prend alors une importance démesurée par rapport au reste d'une interview ou d'une déclaration.

Un épisode célèbre a été la discussion que John Lennon avait eue, à bâtons rompus à son domicile avec une journaliste du *London Evening Standard*.

Au cours de l'entretien, alors qu'il parlait d'une bible, il a nonchalamment déclaré qu'il ne voyait pas le christianisme perdurer et a eu cette phrase comme quoi les Beatles étaient probablement devenus plus populaires que le Christ et qu'il ne savait pas ce qui disparaîtrait en premier du rock ou du christianisme.

Lors de la parution de l'article le 4 mars 1966, cette phrase est passée relativement inaperçue.

Puis, aux Etats-Unis, un magazine s'est permis de l'extraire de son contexte et de la placer en couverture sur l'édition de fin juillet. L'Amérique profonde a alors mal pris la chose. Quelques jours plus tard, une ville du Sud appelait à brûler les disques des Beatles et 22 radios prohibaient la diffusion de leurs chansons.

Lors d'une conférence de presse donnée à Chicago, Lennon a regretté que ses propos aient ainsi été mal interprétés et a présenté ses excuses à ceux qui s'étaient senti froissés.

Durant l'été 2001, David Shepherd, directeur de la marque Topman a donné une interview au magazine *Menswear*. Lorsque le reporter a demandé quel était le client type, il a voulu répondre d'une manière humoristique et a déclaré "les hooligans", avant d'ajouter : "Très peu de nos clients doivent porter des costumes pour travailler. Ils ne portent un costume que pour leur première interview ou leur premier procès." En 2004, Matt Barrett, président de la Barclays Cards, a voulu « parler vrai » et a émis des réserves sur l'usage excessif des cartes de sa propre société.

"Je ne fais aucune dette sur les cartes de crédit. J'ai quatre enfants et je leur conseille de ne pas accumuler de dettes sur leurs cartes de crédit."

Dans chacun de ces cas de figure, le remous provoqué par l'écho apporté par les médias à de telles phrases a engendré un discrédit sur les intéressés.

La face positive des interviews

Mais alors pourquoi faudrait-il donner des interviews ?

Pour toutes sortes de raisons. De tels entretiens font connaître l'individu et à partir de là, sa société, ils accroissent sa perception dans l'œil du public, mieux que tout autre forme de Relations Presse.

Si l'interview est réussie, elle assoit la réputation du manager, rend son image plus familière et cela profite à l'entreprise car elle apparaît plus proche des gens, étant associée à un être humain.

L'évocation des magasins Leclerc fait spontanément surgir l'image de son président, tout comme celle de CNN fait venir celle de son fondateur, Ted Turner, époux de Jane Fonda, celle de Virgin évoque Richard Branson. Pour un grand nombre de gens, la filiale française d'Universal Music a longtemps été associée à son ancien dirigeant Pascal Nègre tandis que celle des salles de cinéma MK2 rappelle leur propriétaire, Marin Karmitz.

L'interview fait ressortir maints aspects aptes à susciter l'affection : personnalité, vivacité d'esprit, humanisme, idéalisme…

Si elle est télévisée ou même simplement radiophonique, l'accroissement d'affection est presque inévitable, le public découvrant mieux le personnage à travers ses intonations de voix, ses gestes, rires et réactions sur le vif. L'intéressé ressort presque toujours avec un capital d'affection - et aussi d'attention - accrus.

<u>Acceptez les interviews</u>

À partir du moment où un journaliste sollicite une interview au Responsable Presse, il est préférable d'y répondre favorablement, quitte à demander qu'elle soit décalée dans le temps afin de mieux cadrer avec le calendrier d'événements prévu par l'entreprise ou la personnalité concernée.

Le problème que vous allez toutefois rencontrer est celui du contact effectué de manière directe, sans passer par le Responsable Presse.

Plusieurs situations peuvent se produire :

Un journaliste contacte directement un manager afin qu'il réagisse sur le vif à un événement, et celui-ci estime qu'il n'a pas eu le temps de préparer une réponse adéquate. Il est alors bon d'expliquer au journaliste qu'il va être bientôt rappelé, par exemple : "je suis occupé mais puis-je vous recontacter dans une demi-heure ?" Le Responsable Presse et le manager peuvent ainsi définir une ligne de communication adéquate.

- Le manager se sent désemparé parce qu'il ne sait pas qui est le journaliste qui appelle, quelle est la publication pour laquelle il écrit, etc. Là encore, il faut proposer de le rappeler plus tard. Le RP va ainsi pouvoir informer le manager à propos du journaliste en question, le type d'audience du magazine et les questions qui risquent de préoccuper ce support.

- Dans certains, le Responsable Presse et le manager pourront estimer qu'une interview n'est pas forcément cruciale dans un magazine donné. Dans ce cas, le Responsable Presse doit rappeler le journaliste et tâcher de proposer une alternative (une autre personne de l'entreprise par exemple).

- Si le manager estime qu'il n'est pas le mieux placé pour répondre à un type de question, le Responsable Presse peut rappeler le journaliste en expliquant qu'il a trouvé la personne la plus appropriée pour l'interview demandée, puis les mettre en relation.

. Vous pouvez certes demander au journaliste pour quel support il écrit afin de déterminer si une telle interview est cruciale. Si l'emploi du temps du manager est très chargé, demandez-leur quelle est leur date limite.

. Si l'emploi du temps du manager est trop chargé, demandez au journaliste quelle est sa date limite. À défaut, vous pouvez là encore proposer qu'il rencontre une autre personne de l'entreprise ou activité concernée.

Si la société est mise en cause dans une affaire donnée, il importe que l'entreprise dispose d'une personne prête à répondre aux sollicitations des médias, et qu'un message soit préparé à leur intention. Il n'est pas optimal qu'un magazine se contente d'imprimer une phrase telle que :

"nous avons demandé à une personne de la société de commenter, mais ils n'ont pas souhaité répondre".

Cela donne alors l'impression que les intéressés ont refusé de parler.

Il faut toujours considérer l'offre d'une interview comme une chance qui est donnée de faire passer son propre message et tâcher d'en profiter.

Quels sont les candidats types pour une interview ?

Lorsque vous proposez à un journaliste d'interviewer un manager ou une personnalité, il vaut mieux avoir en tête le profil d'individu à même d'intéresser les journalistes.

Idéalement, celui-ci doit :

.	détenir une certaine position sur l'organigramme - en général, c'est le fondateur ou responsable de l'entreprise qui est le plus sollicité,

.	avoir une crédibilité - il sait de quoi il parle et le journaliste perçoit rapidement une telle qualité,

.	s'exprimer d'une façon qui accroche l'attention, par la qualité des histoires racontées ou des points de vues proposés, ou de par la convivialité qui émane de sa personnalité,

. se montrer disponible - lorsqu'un journaliste contacte l'agence ou le service de presse afin d'obtenir un entretien, il a l'habitude de les rappeler rapidement.

Les journalistes sont intéressés à rencontrer les dirigeants, les fondateurs ou les créateurs hors norme d'une entreprise, toute personne capable de lui apporter un point de vue, des informations sortant de l'ordinaire.

La position d'un individu sur l'organigramme n'est pas forcément en cause. De nombreux rédacteurs apprécieront de rencontrer un ingénieur du département Recherche, au cours d'une réunion brève telle qu'un petit déjeuner. En revanche, ils déclineront le plus souvent l'opportunité de publier l'interview d'un gestionnaire, d'un cadre administratif, ou même d'une personne du marketing - ces derniers tiennent généralement un discours "pré-mâché" dépourvu d'intérêt. Le RP doit clairement éduquer les responsables d'entreprise sur ce sujet.

Une fois que les journalistes repèrent un bon candidat à l'interview, ils vont être enclins à l'appeler souvent, car ils savent qu'ils récolteront inévitablement la matière d'un bon « papier ».

Un haut responsable n'est pas forcément un bon candidat à l'interview

L'entreprise repose sur une hiérarchie et au sein de celle-ci, certains cadres peuvent être tentés d'utiliser la presse à leurs propres fins, en d'autres termes, pour se faire bien voir de leurs supérieurs.

Un exemple typique : dans la filiale d'une multinationale, si le Vice-Président des Finances est de passage, il pourrait sembler opportun de lui faire rencontrer des journalistes français. Ce faisant, les dirigeants de cette filiale entendent donner une bonne image à ce cadre supérieur, en montrant qu'ils entretiennent de bonnes relations avec les médias locaux. Le Responsable Presse se retrouve alors avec la dure mission d'appeler des journalistes et tenter de les convaincre de rencontrer ce visiteur étranger. Il se fait usuellement rembarrer car le journaliste opère un raisonnement simple : pourquoi devrais-je perdre du temps à interviewer une personne qui ne va m'apporter aucune matière à pour mes articles ?

Les seules questions qu'il faut se poser sont les suivantes :

.	Est-ce que ce cadre a réellement un message crucial à faire passer aux journalistes ?

.	Est-ce que sa personnalité est de nature à accroître le capital **d'affection** des journalistes ?

Si tel n'est pas le cas, il vaut mieux éviter d'importuner les médias avec cette personne.

L'esprit d'une interview

Une interview est un moment idéal pour qu'un responsable d'entreprise puisse accroître le potentiel d'affection envers lui-même et sa société. Le contexte est optimal pour faire passer quelques grandes idées, dépassant le simple cadre de son activité. Elle implique que l'interviewé fasse un acte de communication et non pas d'auto expression.

Le journaliste veut obtenir une histoire, une vision du marché, une opinion sur les compétiteurs, les clients, un avis sur les principaux événements du secteur. Il est également intéressé à entendre d'autres histoires que celles du manager et de sa société.

Une fois l'interview réalisée, pensez à demander au journaliste s'il a besoin de photos ou données graphiques. Vous pouvez aussi lui demander quand l'interview sera publiée.

Répéter l'interview

Il importe que l'interview soit bien adaptée au type de journaliste rencontré. S'agit-il d'un spécialiste, d'un généraliste ou se situe-t-il entre les deux ? Est-il un vétéran ou un blanc-bec ? Selon le cas, il va falloir adapter son discours. S'il connaît peu le domaine ou si le magazine pour lequel il intervient s'adresse à un public non expert, il faudra faire preuve de pédagogie dans ses réponses.

Si le journaliste est expérimenté, le Responsable Presse doit préparer les questions les plus gênantes, les plus vicieuses possibles et doit consacrer un moment à entraîner le manager. Celui-ci doit développer une aptitude à répondre avec aisance.

Vous pouvez fournir au manager des exemples de réponses, mais ce n'est pas forcément la meilleure pratique. Le mieux est d'aider le chef d'entreprise ou toute autre personne devant être interviewée à développer une facilité à répondre élégamment aux questions les plus diverses, en la mettant face à toutes sortes de situations.

La mission du RP peut aussi consister à trouver qui est la personne la plus apte à parler pour l'entreprise. Ce peut être une autre personne que le président ; les éventuels problèmes d'ego doivent ici s'effacer au profit d'une efficacité maximale. Il faut également que l'intéressé présente une face conviviale : certains managers ont pu arriver au sommet en se montrant durs et inflexibles, mais les journalistes n'apprécient pas forcément cela.

Certains redoutent les interviews en direct. Elles présentent pourtant un avantage : dans la mesure où il intervient en "live" à la radio ou à la télévision, celui qui est interviewé dispose d'un bien meilleur contrôle sur son message parce qu'il parle directement au spectateur. Le journaliste ne pourra aucunement couper ou reformuler ce que vous dites.

Techniques d'interview

Ne pas répondre immédiatement à une question non maîtrisée

Si une question vous déconcerte, marquez une pause. Regardez ailleurs, réfléchissez puis revenez vers le journaliste. Un silence de cinq à dix secondes est tout à fait acceptable si l'interview n'est pas diffusée en temps réel.

À défaut de pouvoir marquer un temps de silence raisonnable, une technique peut consister à répéter lentement la question puisque cela donne le temps de réfléchir à la réponse. Telle est la technique qu'avait utilisée le candidat républicain Gugliemi lorsqu'il avait élu à la mairie de New York. Un journaliste lui avait perfidement demandé :

-   Comment allez vous traiter avec Livingstone, le maire socialiste de Londres ?

Gugliemi avait marqué une petite pause puis repris la question dans sa réponse :

- Vous me demandez quels seront mes rapports avec le maire de Londres, Mr Livingstone… (pause) Je répondrais simplement que nous sommes tous deux maires de grandes villes. New York est une grande ville et Londres aussi.

Comment bloquer une question embarrassante

Si une question paraît embarrassante, il existe plusieurs façons de la gérer.

Il est généralement possible de rebondir sur une partie de cette question ou de se concentrer sur un mot particulier. Imaginons qu'une rock star par ailleurs marié doive justifier de sa relation avec une actrice.

— Vous n'avez pas peur d'avoir déçus vos fans du fait de votre liaison ?

Le musicien peut alors habilement rebondir sur la partie positive de la question : ses fans…

— Entre nous, si mes chansons plaisent au public, c'est parce qu'elles parlent de choses de tous les jours. Maintenant, ce métier fait subir de nombreuses pressions. Je voyage beaucoup et je suis humain. Si j'ai causé beaucoup de peine, j'en suis désolé. Mais mes fans sont les premiers à m'avoir pardonné.

Une autre technique efficace consiste à élever le débat, relativiser une question donnée en la plaçant dans une plus large perspective, que ce soit au niveau du temps, de l'espace ou de la réflexion. Si le journaliste évoque une baisse de popularité d'une entreprise, voici comment une telle approche fonctionnerait :

— Comment expliquez-vous que vous soyez aujourd'hui n°3 alors que vous étiez n°1 ?

— À l'heure actuelle, notre compétiteur a un bon produit. Un jour c'est nous, un jour c'est eux. La bataille n'est pas terminée.

Une façon de relativiser les choses au niveau des idées serait la suivante :

— La compétition est quelque chose de sain. C'est bon pour le consommateur.

Un politicien interrogé après une défaite cuisante à une élection pourrait s'en sortir s'il place ainsi le débat au niveau d'une grande idée telle que la démocratie :

— Vous n'êtes pas un peu mal ? Vous disiez vouloir écouter le peuple et celui-ci vous a rejeté !

— Le peuple s'est prononcé et s'il l'a fait ainsi, c'est qu'il avait ses raisons. La démocratie est une bonne chose. Pour ce qui nous concerne, nous avons accompli beaucoup de bonnes mais une chose est sûre : nous n'avons pas bien fait passer notre message. Nous devons mieux travailler notre communication.

Un artiste pourrait se voir reprocher les faibles ventes de son dernier album peut pareillement s'en sortir en évoquant quelques notions appréciées du public telles que son intégrité artistique :

— Jusqu'alors, vous étiez constamment n°1 et cette fois, le public n'a pas été au rendez-vous. Seriez-vous en perte de vitesse ?

— Je suis mon proche chemin et je veux me sentir libre d'explorer d'autres territoires. Je crois que c'est ce que mon public apprécie dans ma démarche : je ne cherche pas à plaire à tout prix !

Ramener la question vers son propre message

Les grands pros de l'interview possèdent un don : ramener imperceptiblement l'attention sur le sujet dont ils ont eux-mêmes choisi de parler au départ. Mentalement, ils établissent un itinéraire qui part de la question et parvient jusqu'au message qu'ils désirent faire passer. Cela peut demander un certain entraînement mais s'avérer très efficace.

Posons que la personnalité interviewée veut faire passer parmi ses messages le fait que le discount est une bonne chose. Le journaliste se voit alors entraîné vers un tel message quel que soit sa question, et en douceur.

— Vous avez fermé une usine en Bretagne. Vous n'avez pas l'impression d'être un casseur d'emplois ?

— Nous n'avions pas d'autres solutions. Pour sauver l'usine, il aurait fallu augmenter nos prix. Le public n'aurait pas compris. Nous sommes irrémédiablement associés à une image de discount, celui qui obtient les meilleurs prix pour le consommateur final.

Autre exemple :

— Vos produits ont la réputation de manquer de robustesse…

— Ils sont très fiables le plus souvent. Quoiqu'il en soit, notre vocation n'est pas de bâtir les meilleurs produits du marché. Que cela soit clair. Ce dont nous sommes fiers, c'est d'avoir donné accès à certains produits que toute une partie de la population ne pouvait s'offrir. Notre marque distinctive, c'est le discount !

<u>Corroborer ce qui est dit par des sources externes</u>

Au cours d'une interview, il est utile de confirmer ce que l'on vient d'affirmer par des preuves tangibles. En la matière, le mieux est de citer des "autorités" a priori inattaquables : institutions, analystes, guides d'achat, enquêtes clients… Le message sous-jacent qui est ainsi transmis est : "Ne vous fiez pas à ce que je vous dis, fiez vous à ce que EUX vous disent."

— Comment réagissez-vous à la plainte déposée par un client quand à l'absence de service après-vente sur un tracteur de votre société ?

— C'est un cas regrettable mais isolé. Globalement, notre qualité de service figure parmi les meilleures du secteur. Les recherches effectuées par l'institut GHBM nous créditent d'un taux de satisfaction de 88,2 % en France et de 76 % dans le reste de l'Europe.

L'enquête peut également servir à contrer une question où l'interviewé serait peu à son avantage :

— Le dernier classement du magazine Finance montre que vous avez perdu 3 points de part de marché.

— Oui mais l'enquête qu'a menée HFJ au niveau du service client, montre que sur ce terrain, nous sommes les premiers !

Un chef d'entreprise interrogé sur l'incohérence apparente de ses choix de production peut expliquer qu'il sait où il va, chiffres à l'appui :

— Vous n'avez aucun modèle miniature dans votre gamme. La mode n'est-elle pas aux modèles miniatures ?

— C'est sûr, il y a un effet de mode sur le miniature, mais il est isolé. Mais les études de FR-Survey montrent qu'il concerne avant tout la clientèle des villes. Or, nos grands comptes sont principalement des établissements ruraux et ils n'ont exprimé qu'une très faible demande pour de tels modèles. Croyez-moi, nous avons de tels prototypes dans nos laboratoires, mais pour l'heure, nous ne voyons aucune raison de les sortir.

À défaut de pouvoir citer une enquête ou test officiel, il est possible de soutenir une déclaration par une anecdote ou un fait externe à l'entreprise et mettant en valeur celle-ci.

— Si nous sommes aussi fier de nos croquettes curatives pour les chats, c'est parce qu'elles protègent l'existence de ces animaux. Récemment, j'ai reçu la lettre d'un vétérinaire de Montmirail qui nous a raconté qu'il avait sauvé la vie d'une dizaine de chats (rappelez moi de vous en adresser une copie !)

Éviter les controverses

Certains journalistes utilisent délibérément le procédé consistant à piéger l'interviewé dans une controverse. Pour ce faire, ils peuvent tenter d'exciter celui qui est soumis à la question en se livrant à une certaine provocation, en paraissant prendre le parti d'un concurrent, ou en glissant quelques piques quand à la gestion de l'entreprise. Le journaliste cherche à obtenir une réaction à chaud, l'intéressé étant amené à temporairement baisser sa garde.

Un interviewer peut détenir une partie de sa réputation à sa capacité à faire sortir de leurs gonds ceux qu'il interroge. L'une des tactiques, à la limite de l'impolitesse mais couramment pratiquée par certains journalistes de radio, consiste à couper constamment la parole à celui qui parle, avant qu'il n'ait pu terminer une réponse pour l'assaillir avec une nouvelle question. Une telle pratique vise à déstabiliser celui qui est soumis à la question. Si l'on ajoute quelques allusions désobligeantes, l'interviewé peut se retrouver dans une brève situation de stress, suffisante pour le désorienter. Une réaction regrettable serait alors de défier le journaliste, ouvrant ainsi la porte à un vain conflit verbal.

Il faut éviter une telle situation. Si l'interviewé ne maîtrise plus le fil de ce qu'il veut dire, il perd de la perspective et peut se laisser emmener sur le terrain désiré par de tels journalistes, qui souhaitent les piéger. Un fois que l'interviewé se retrouve sur la défensive, le journaliste peut le percevoir et revenir à la charge.

Le Responsable Presse doit entraîner le manager à affronter ce type de situation sans perdre son self-control, en lui soumettant des questions vicieuses sur un rythme accéléré et en lui coupant au besoin la parole. L'interviewé doit apprendre à garder la maîtrise de son discours, et tenter d'intégrer la remarque du journaliste sans perdre le fil de ce qu'il a à dire. Le modèle pourrait être :

« Je comprends votre point de vue, il est très répandu. Nous-mêmes voyons les choses comme cela…»

« Vous pouvez clairement avancer une telle interprétation. Mais d'autres peuvent également dire que…»

« Vous êtes libre de penser cela. Permettez que d'autres aient une autre vision. Nous avons le sentiment que… »

<u>Comment ne rien dire</u>

Il n'y a pas de honte à ne pas maîtriser totalement un sujet. Celui qui dirige une entreprise n'est pas censé connaître les moindres détails techniques de ses produits - le directeur général de France Telecom n'est pas supposer maîtriser dans le détail les techniques mises en œuvre pour l'ADSL. Inversement, le créateur d'une technologie a clairement le droit d'ignorer le pourquoi du comment d'une action relevant de la gestion.

Avouer son incompétence sur un sujet particulier donne une bien meilleure image qu'une réponse approximative ou 'langue de bois'. Il suffit donc de le dire :

« Vous savez quoi, je n'en sais rien. Je prends note de votre question et je vais faire en sorte qu'une personne adéquate revienne vers vous sur ce sujet...»

Comment se sortir d'une impasse

Quelque chose a été dit et l'intéressé regrette de l'avoir dit ? L'interviewé peut expliquer qu'il désire reformuler ce qu'il a affirmé.

—   Hmm… Ce n'est pas que ce j'ai voulu dire. Repartons à zéro là-dessus.

Si l'interview est destinée à être imprimée ou diffusée en différé, il est possible de demander au journaliste de ne pas citer pas la partie en question. Si vous avez établi une bonne relation avec l'interviewer ou avec son rédacteur en chef, il devrait être possible de couper la partie que vous ne désirez pas voir diffusée.

Durant l'entretien, l'interviewé peut spécifier la chose ainsi :

"Je suis désolé. Je ne suis pas en train de répondre à votre question. Je vais redéfinir ma réponse…"

"Je me suis trompé. Oubliez cela. Voici comment je vois les choses…"

Certains journalistes, mais ils sont rares, aiment à imprimer l'intégralité d'une telle réponse, ce qui peut donner quelque chose comme cela :

"Nous allons poursuivre en justice ceux qui piratent nos œuvres et j'espère bien obtenir la prison pour certains d'entre eux… Heu ! Non, en fait, je ne souhaite pas que vous imprimiez cela. Je vais reprendre : nous allons faire en sorte de protéger nos droits comme il se doit."

Si le magazine imprime une telle déclaration dans son intégralité, il est clair qu'elle peut nuire à l'image de celui qui a été soumis à la question. En cas de doute, le mieux consiste donc à définir les règles du jeu dès le départ avec le rédacteur en chef ou le journaliste.

Comment refuser de dire quoi que ce soit

Il existe clairement des questions auxquelles on peut ne pas avoir envie de répondre. Les raisons peuvent être de diverses natures : nécessité de garder secret un prochain lancement, confidentialité due à une affaire judiciaire en cours, ou même l'absence total du désir d'évoquer une histoire particulière - ce qui demeure un droit absolu !

Une bonne approche peut être dire :

—   Je comprends tout à fait que vous ayez à poser cette question. Bravo d'avoir essayé. Vous m'auriez déçu si vous ne l'aviez pas fait ! Mais vous comprenez aussi que je n'aie pas à y répondre !

Une approche qui peut fonctionner lorsque l'interview est diffusée en direct revient à faire passer le message que les priorités des journalistes ne sont pas celles des gens.

« Je sais que cette question, c'est votre sujet de prédilection, mais de vous à moi, n'êtes vous pas le seul intéressé par cela ? »

Ou encore :

« Vous êtes réellement obsédé avec cela ! Dans toute la presse, on parle que de cela. Mais le français moyen n'est pas particulièrement concerné par cela ! »

Dans certaines situations, il peut être habile d'utiliser le prénom du journaliste.

—   Vous refusez de payer la pension de votre femme.

—   Max, vous savez très bien que dans ce type de relation, il y a deux côtés de l'histoire. C'est douloureux et je préfère ne pas m'appesantir là dessus. Sans commentaire. Question suivante !

Ne questionnez pas une question

Questionner une question peut avoir d'étranges effets : le discours s'égare et se disperse. Voici un exemple :

—   Un commentaire sur votre baisse de part de marché ?

—   De quelle baisse parlez-vous ?

—   Celle de vos ventes en Europe ?

—   Où avez-vous lu cela ?

—   Dans la presse de ce matin ? Vous ne l'avez pas lu ?

—   Vous faites allusion au Finance News ?

—   Non, à la dépêche publiée par le Courrier de la Bourse…

Comme on peut le voir, cet échange de questions et d'affirmation produit un échange confus, dans lequel l'auditeur a du mal à s'y retrouver.

En revanche, il est possible de demander au journaliste de reformuler sa question de manière plus explicite :

—   Un commentaire sur votre baisse de part de marché ?

—   Pouvez-vous préciser ce que vous entendez exactement par là ?

—   Vous avez perdu 10% de marché en France face à votre principal concurrent.

—   Oui, mais nous en avons aussi gagné 26% en Espagne !

Manier l'humour avec parcimonie

Certains journalistes ont le don de « détendre » l'atmosphère d'une façon telle que la personne interviewée peut se laisser aller à quelques facéties. D'expérience, la chose peut être fort risquée. Celui qui est interviewé oublie temporairement que ses propos vont être reproduits à des dizaines de milliers d'exemplaires et peut se laisser aller à une petite phrase sarcastique. Or, une fois sur le papier, cette saillie peut coûter cher. Tout en gardant son naturel, celui qui est soumis à la question doit constamment garder à l'esprit qu'au final, il ne s'entretient pas seulement avec le journaliste, mais avec des dizaines de milliers de personnes, et donner ses réponses dans un tel contexte.

À défaut d'être particulièrement brillant sur ce sujet, il peut être plus sûr d'éviter l'humour.

L'illusoire « off the record »

Si un manager ne désire pas faire passer une idée, il vaut mieux qu'il ne l'émette pas du tout. Le "off" n'est jamais totalement bénin. Ce qui est dit influence le journaliste et même s'il ne le reproduit pas, cela peut teinter sa façon de rapporter les choses. Qui plus est, à défaut de l'écrire, le journaliste risque fort d'en parler avec ses confrères.

Faut-il demander à relire l'interview ?

Il est préférable de ne pas exiger une relecture de l'interview avant publication car cela indique que vous n'avez pas confiance dans le journaliste. Si toutefois le manager estime que ses propos ont souvent été déformés par un magazine donné, il peut poser cela comme condition préalable. D'expérience, une telle pratique est rarement positive : celui qui relit l'interview avant publication va juger celle-ci au travers d'un prisme déformant. Une solution raisonnable peut être de proposer que la relecture soit effectuée par le Responsable Presse afin de vérifier l'exactitude des données citées.

Interviews : faire - ne pas faire

Voici une liste de points relevés par PRT concernant les actions recommandées et déconseillées au cours d'une interview :

Ce qu'il est bon de faire

. Entretenir une bonne connaissance de ce que vous avez à communiquer à un moment donné.

. Entretenir une bonne connaissance de l'entreprise.

. Préparer l'interview.

. Anticiper le type de questions que les journalistes risquent de poser.

. Développer divers angles afin de pouvoir répondre au pied levé à diverses interviews.

. Établir des priorités dans vos messages afin de présenter en premier lieu les plus importants.

. Être aisément disponible pour de potentielles interviews.

- Accommoder le message que l'on veut faire passer aux lecteurs/auditeurs du média.

- Citer des sources respectées.

- Emailler son discours d'exemples et de données chiffrées.

- Utiliser des anecdotes.

- Se concentrer sur seul message à la fois.

- Comparer et mettre en perspective.

- Colorer son discours par des références à des données familières.

- Apparaître crédible.

- Se montrer poli.

- Demeurer calme.

- Utiliser diverses tonalités de voix.

Ce qu'il ne faut pas faire

- Ne pas connaître le média qui vient à vous.

- Ne pas maîtriser son sujet et s'en écarter.

- Répondre de manière vague ou distordre les faits.

- S'exprimer de manière absolue.

- Parler trop vite.

- Parler de manière peu compréhensible.

- Essayer de « vendre » son sujet.

- Se laisser entraîner dans un conflit verbal.

- Paniquer.

- Émettre des déclarations "off the record".

- Dire au journaliste ce qu'il devrait écrire.

- Exiger de relire l'interview avant sa publication.

9 - Déjeuner de presse

Le déjeuner de presse est un moment privilégié. Idéalement, il doit être organisé indépendamment d'une annonce donnée.

Son objectif est de faire croître ou de restaurer le capital d'**affection** éprouvé par un ou plusieurs membres des médias à l'égard d'une personnalité et/ou une entreprise. Il doit essentiellement servir à une telle fin. Il peut également servir à renforcer le capital d'**attention** auprès du rédacteur en chef.

Le repas de midi est idéal pour favoriser la rencontre entre celui qui souhaite communiquer à son sujet et le ou les journalistes. Il est facile de l'organiser car les uns comme les autres ont généralement prévu de déjeuner et une telle pause n'empiète donc pas excessivement sur leur emploi du temps respectif.

Le journaliste apprécie généralement de se voir convié au restaurant. Une telle invitation lui permet de s'extraire du bureau pour des raisons professionnelles. Pour sa pause de midi, il se retrouve dans un cadre agréable à déguster des mets raffinés et bien souvent, à une table qu'il n'aurait pas les moyens de s'offrir en temps usuel.

Prenez en compte les habitudes culinaires des journalistes : désirez-vous un menu végétarien, casher ? Êtes vous allergique à certains produits. Préférez-vous être en présence de non-fumeurs ?

Sachez aussi que certains journalistes peuvent être trop sensibles à l'alcool et s'avérer gênants lors d'un repas.

Le Responsable Presse doit clairement établir la règle du jeu auprès du responsable de l'entreprise : ce dernier ne doit pas parler que de sa société. Il importe que le journaliste et lui-même discutent de choses et d'autres. S'ils ne se connaissent pas bien, l'objectif recherché est clairement de briser la glace. Il est même possible de dire en préambule au journaliste : "nous n'attendons pas d'article de cette rencontre. Nous n'avons pas de produit à annoncer, nous souhaitons juste mieux vous connaître."

Au cours du repas, le manager révélera peut-être quelques informations utiles pour le journaliste, mais s'ils se contentent de passer un bon moment ensemble, ce résultat sera en soi satisfaisant. Le membre de l'entreprise peut au besoin fixer une règle dès le départ : "je ne souhaite pas être cité de ce qui sera dit ici."

À des fins d'efficacité, le Responsable Presse peut réunir plusieurs journalistes auprès d'un responsable d'entreprise à une même table. Il doit alors veiller que les rédacteurs en question ne soient pas en concurrence. S'il a affaire à plusieurs convives, le manager doit s'efforcer de parler à tous les gens présents à la table et s'évertuer de lui-même, à demander son opinion à un journaliste qui ne parlerait pas particulièrement.

Si cela est possible, la forme "one to one" est cependant préférable car elle facilite une conversation détendue. Une autre combinaison efficace consiste à inviter à la fois le journaliste et son rédacteur en chef. De cette façon, vous faites monter le coefficient d'**affection** du journaliste, mais aussi celui d'**attention** du rédacteur en chef qui sera plus enclin à ce que son employé écrive à votre propos.

Si un chef d'entreprise entretient une perception négative des médias, il peut être bon de lui organiser en premier lieu un ou plusieurs déjeuners avec des freelance. Ce qui va faciliter le contact, vient de ce que les freelances ont tendance, dans une certaine mesure, à vivre d'une façon similaire au manager - tous deux doivent constamment se remettre en question dans leur activité professionnelle. Le contact s'établit donc relativement facilement et peut même se développer en amitié personnelle.

Avant la rencontre, adressez au(x) journaliste(s) invité(s) un CV détaillé de la personne qu'ils doivent rencontrer et informez pareillement le chef d'entreprise de la qualité des journalistes conviés, en incluant des détails sur leur personnalité, leurs goûts, leur façon d'écrire, etc.

Organisation du déjeuner

Minimiser les déplacements

Si possible, il est préférable de choisir le restaurant dans un lieu qui ne soit pas trop éloigné de celui où travaille le journaliste. À choisir, un endroit sympathique qui ne nécessite pas un déplacement excessif sera préférable à un trois étoiles qui obligerait à une bonne heure de trajet.

Choisir le bon interlocuteur

Le déjeuner de presse est une réunion personnelle et chaleureuse. Si le responsable de l'entreprise est quelqu'un de froid, si sa personnalité est inamicale, il peut être préférable de faire venir une autre personne au déjeuner, tel que le responsable de la communication, un créatif un peu original, un haut cadre. Il importe que la personne représentant l'entreprise se distingue par des qualités socialement appréciées, qu'il s'agisse de la jovialité, du sens de l'humour, de l'imagination… Étant donné l'objectif recherché d'une meilleure **affection**, il faut éviter d'organiser le déjeuner avec un cadre hautain ou susceptible de s'emporter aisément.

Trouver des bases de discussion

Afin d'aider à établir des bases de discussions, il peut être bon que le RP informe le manager de ce que le journaliste apprécie de manière générale. Il est par ailleurs important que le manager ait lu la presse du matin car il est probable que le journaliste l'aura lu. Le manager peut ainsi démarrer une conversation sur une base commune :

"Vous avez vu ce qui s'est passé ce matin ? Qu'est ce que vous en pensez ?"

Eviter les opinons tranchées

Le RP doit convaincre le manager d'éviter toute réflexion qui pourrait l'entraîner vers un conflit d'idées, toute déclaration sur des sujets à même de déchaîner les passions, à commencer par ce qui relève de la politique, des événements sociaux, etc.

Toute opinion tranchée sur de tels sujets pourrait engendre une discussion à couteaux tirés avec un ou plusieurs journalistes.

Certains convives pourraient même chercher à entraîner le manager sur ce terrain, mais il est préférable d'éviter d'y entrer. Sur de tels sujets, il paraît préférable d'afficher un point de vue modéré, d'adopter la position que prendrait un médiateur ou plus simplement de ne pas rebondir sur la remarque du journaliste.

Répéter le repas

N'oublions jamais que l'**affection** est toujours plus forte lorsque les interlocuteurs ont déjà été en présence. Il importe donc, dans un temps raisonnable (par exemple dans les six prochains mois) de réitérer une telle réunion.

Obtenir le point de vue du journaliste

À l'intérieur d'une entreprise, il est rare qu'un cadre ou un employé ose critiquer une action qui a été menée par les dirigeants.

De ce fait, des erreurs peuvent se perpétuer. Étant externes à l'entreprise, les journalistes n'ont pas une telle réserve et s'ils se sentent à l'aise, ils vont s'exprimer plus librement.

Le déjeuner de presse peut donc s'avérer un moment opportun pour sonder ce que les journalistes pensent de l'entreprise. Il ne faut le faire que lorsqu'il apparaît que la cote d'affection est élevée. Le premier déjeuner n'est pas forcément approprié à une telle requête ; il est préférable d'attendre qu'une certaine convivialité mutuelle se soit développée.

Une fois qu'un journaliste a développé une certaine intimité avec le manager, il ne manquera pas d'exprimer des point de vues sincères, et utiles pour l'entreprise :

"La conférence que vous avez organisée il y a deux mois n'était pas une bonne idée : un communiqué aurait suffi..."

"Votre responsable de la fabrication est trop arrogant..."

Lorsque le journaliste confie de telles opinions, il ne faut surtout pas argumenter, mais tenter d'intégrer au mieux les messages qu'il transmet, faute de quoi il pourrait fermer cette ligne d'information vitale.

Un manager peut également profiter de la relation qui s'est nouée au cours du déjeuner pour requérir l'avis du journaliste :

"Nous allons sortir ce produit. À votre avis, quel serait de la bonne façon de le lancer ?"

Il peut alors recueillir des avis d'une grande valeur, qu'il n'obtiendrait pas usuellement. Le journaliste est à même de comparer un lancement envisagé avec ce que les concurrents ont effectué ou préparent et son jugement est donc très précieux. Il importe de profiter au maximum de ces moments où il parle avec le point de vue de la presse. S'il est persuadé qu'une action envisagée n'est la bonne, il faut en prendre note et tenter de comprendre pourquoi il pense ainsi.

L'écoute et la capacité à absorber d'autres points de vue ne peuvent qu'être enrichissants pour le manager.

Le meilleur remède lorsque l'image est négative

L'objectif d'un déjeuner peut être ouvertement de résoudre une situation difficile. Lorsqu'une entreprise ou une personnalité a acquis une mauvaise image, lorsqu'un journaliste s'obstine à dénigrer ses produits ou faits et gestes, un simple déjeuner peut avoir un effet quasi miraculeux - je l'ai observé maintes fois.

Le fait d'inviter un ou plusieurs journalistes à un repas en commun peut métamorphoser une relation. Le manager doit certes s'attendre à quelques remarques ironiques ou même franchement hostiles en début de repas mais s'il fait preuve de self-control, et traite de telles saillies d'une manière légère, l'animosité va progressivement se réduire. Ne négligeons pas l'effet d'apaisement que peut créer la dégustation commune de plats choisis arrosés d'un bon vin. Fatalement, les réserves mutuelles vont tomber et une attitude plus ouverte va s'installer. Même s'il faut attendre le dessert pour que les antagonismes se dissipent, cette situation de dégel va progressivement s'établir.

Le déjeuner de presse est le remède absolu pour redresser le capital d'affection lorsqu'il a été ébranlé. Une série de repas organisés avec des journalistes bien choisis peut progressivement rebâtir ce capital.

En France, l'usage veut généralement que ce soit l'entreprise qui paye le déjeuner et la chose ne choque personne. Quelques rares magazines refusent toutefois une telle pratique, estimant qu'elle est contraire à leur principe d'indépendance. Si vous pressentez qu'un média particulier pourrait suivre une telle ligne de conduite, le RP doit s'informer au préalable et en prendre bonne note.

<u>Déjeuner régulièrement avec les leaders d'opinion</u>

Les "Leaders d'Opinion" sont des chroniqueurs dont le jugement est écouté et dont les écrits ont un impact sur les autres. Il est important de déjeuner régulièrement avec eux en "one to one". Tôt ou tard, il est probable que la discussion tourne autour du secteur dans lequel intervient l'entreprise. Il est alors fort possible que le leader d'opinion livre, à brûle pourpoint, sa vision du marché, souvent originale et éclairée. Si tel est le cas, le manager peut se réjouir : le leader d'opinion lui confie alors « gratuitement » ce pourquoi il est habituellement rémunéré par les magazines ! Parfois, il va livrer au cours d'un repas l'essentiel de l'analyse qu'il compte écrire pour sa future chronique. Le manager bénéficie donc d'un tel avis de manière anticipée.

Lors de la discussion, il est possible de lancer des pistes à même de susciter l'écriture d'articles, à condition de le faire d'une façon indirecte ou légère.

En exprimant un intérêt sur un secteur dans lequel vous comptez investir prochainement, vous pouvez orienter l'attention du leader d'opinion vers ce domaine. Il est également possible de déposer quelques petites graines à l'encontre de la compétition, du type : "ce que fait xx n'est pas bon pour notre industrie...", mais la chose est à prendre avec des pincettes.

<u>Décoder les signes d'une meilleure affection</u>

Au sortir d'un repas, si tout s'est bien passé, le journaliste sera mieux incliné envers l'entreprise ou la personnalité rencontrée qu'il ne l'était au départ. S'il veut en savoir plus sur un sujet, il sera tenté d'appeler celui avec lequel il a déjeuné. L'objectif est ainsi atteint ! Vous devriez en voir les fruits au sein des articles et il faut savoir décoder de tels changements.

Un journaliste habituellement réservé à propos des produits ou de la démarche de l'entreprise manifestera sans doute une attitude plus ouverte à son égard.

Mais si un journaliste habituellement virulent envers une entreprise se contente d'être froid et factuel, c'est que l'**affection** s'est améliorée d'une façon honorable - il serait illusoire d'attendre que le pourfendeur d'hier se soit transformé en dithyrambe. Quant au rédacteur en chef, il associera l'entreprise à un individu qu'il a rencontré et qu'il appris (espérons-le) à apprécier.

Ce capital d'**attention** accru se traduira par une place plus importante et plus voyante dans le magazine lors de l'annonce du prochain **changement remarquable** !

10 - Evénements

Un événement a pour but d'accroître le capital d'**affection** pour l'entreprise et ses dirigeants, que ce soit en interne (auprès des employés) comme en externe (auprès des journalistes et partenaires). Il influe également de manière positive sur le capital d'**attention**. S'il correspond souvent à une annonce majeure et peut faire une suite à une conférence de presse, il peut aussi bien exister par lui-même. Un seul mot d'ordre existe alors : faire la fête ! … Le Responsable Presse doit intégrer cet outil dans sa panoplie et régulièrement suggérer à l'entreprise d'en user.

<u>Fête</u>

Organiser une fête est souvent coûteux. Il faut trouver une grande salle, faire venir des artistes qu'il faudra rémunérer, un ou plusieurs animateurs, réserver un buffet auprès d'un traiteur, peut-être louer une sonorisation… L'affaire est complexe et le budget global probablement élevé. Toutefois, les bénéfices peuvent être immenses pour l'entreprise.

D'un point de vue de Relations Presse, une fête doit d'abord servir à tisser ou améliorer les relations avec les journalistes, à une grande échelle. C'est un moment de convivialité qui sert à renforcer les liens entre les médias et une entreprise. Il est possible d'inviter une grande partie de l'équipe d'un magazine. S'il s'agit d'une soirée, il faut permettre au journaliste de s'y rendre avec sa conjointe ou son conjoint, ce qui augmente les chances de le voir venir.

À défaut d'organiser une fête, un chef d'entreprise peut inviter certains journalistes à voir un spectacle, avec leurs conjoints respectifs.

Une fête peut être l'occasion, presque unique, d'inviter des populations que l'on ne pourrait mélanger autrement. Si le lieu s'y prête, il est possible d'inviter simultanément les employés, les grands clients, les revendeurs comme les journalistes. Il faut prendre en compte que certains convives vont arriver et repartir à des heures diverses et qu'il est donc possible de voir grand au niveau du nombre des invitations.

Puisque l'objectif est de se divertir, les participants vont être enclins à discuter ensemble, faire mieux connaissance, bâtir des liens. Au cours d'une soirée de liesse, les langues se délient, les personnalités se révèlent et l'**affection** peut grimper de plusieurs points. En allant d'un groupe de discussion à un autre, le journaliste va gagner une connaissance sur le vif de membres de l'entreprise, découvrir les gens sous un jour informel et l'**affection** globale va croître naturellement.

Le manager n'a pas nécessairement besoin de faire un speech et s'il le fait, il est préférable que le ton soit léger et extraverti, du style "je suis content de vous voir." Si un produit a été lancé le même jour et que des espaces de démonstration ont été prévus, aucune pression ne doit être exercée auprès des journalistes pour qu'ils s'y rendent. Certains pourront utiliser ce moment pour glaner des idées d'articles en assistant à des démonstrations ou en parlant avec d'autres invités afin d'entretenir leur réseau de relations - les membres de l'entreprise sont bien évidemment encouragés à se mêler aux conversations. Mais d'autres journalistes voudront essentiellement profiter d'une telle pause pour prendre un bon moment. S'ils s'amusent bien lors de la fête, le bilan est clairement positif et le reste n'est que du bonus.

Le voyage de presse

Le voyage de presse est un élément clé dans la panoplie du Responsable Presse. S'il est intelligemment organisé, il peut démultiplier le capital **affection** en l'espace de quelques jours.

Les journalistes adorent généralement de tels déplacements dans un lieu éloigné. En premier lieu, ils découvrent des endroits où ils ne seraient pas forcément allés usuellement. De plus, dans la mesure où ils se retrouvent ensemble durant quelques jours, ils passent un bon moment entre collègues, sous une forme décontractée, notamment lors du voyage en avion ou autre moyen de transport. L'esprit de certains voyages de presse rappelle celui de colonies de vacances et occasionne des moments forts qu'ils vivent rarement dans le cadre de leur activité professionnelle : liesse, échanges de plaisanterie, discussions intimes à deux heures du matin avec un collègue, émerveillement devant la découverte d'un site magnifique…

<u>Pourquoi l'affection monte notablement</u>

Si le contexte est idéal pour augmenter le capital d'**affection** envers l'entreprise, c'est que par la force des choses, durant un voyage de presse, le manager se relaxe. S'il faut prendre l'avion, afin que le trajet lui paraisse confortable, il va s'habiller d'une façon décontractée, ce qui favorise un contact plus détendu. Comme le voyage peut être long, il va discuter de choses et d'autres pour passer le temps, commenter le film qui a été projeté, la musique proposée dans les écouteurs, etc. Lorsque de nombreuses heures s'écoulent avant d'arriver à destination, il y a matière à développer une meilleure connaissance mutuelle et parfois même, les bases d'une amitié - par la force des choses, de nombreux journalistes deviennent très proches des personnalités ou managers qu'ils fréquentent.

Chacun apprécie d'avoir cette opportunité d'être au contact avec l'autre dans un contexte qui temporairement au moins est hors professionnel. Le revers d'un tel contexte où les barrières usuelles se détendent pourraient être lorsque le manager se laisse juste un peu trop aller. Le Responsable Presse doit veiller à ce qu'il n'entame en rien la qualité de son image.

Afin de ne gâcher en rien l'ambiance, faites venir de préférence les membres de l'entreprise qui ont une personnalité conviviale.

<u>Choisir le lieu en fonction du thème</u>

À la différence d'une fête qui peut être organisée pour le simple plaisir de passer un bon moment, un voyage de presse doit avoir un thème et l'endroit choisi doit avoir un rapport avec ce thème. Si l'entreprise est une filiale d'une multinationale dont le siège est à New York, à Tokyo ou Amsterdam, une annonce remarquable telle que le lancement d'un produit majeur peut être l'occasion d'inviter les journalistes dans de telles villes. À défaut, un élément d'une annonce peut servir de prétexte au voyage de presse : l'inventeur d'une pièce maîtresse d'un produit peut résider dans un endroit éloigné et pittoresque, etc.

Il est possible d'organiser un voyage indépendamment d'un **changement remarquable**, dans le seul but de mieux faire connaître l'entreprise. Une visite des centres de Recherche et Développement pourrait servir de prétexte. Une entreprise désireuse de faire connaître ses utilisateurs pourrait organiser un voyage afin que ceux-ci rencontrent les journalistes dans un lieu agréable.

L'endroit auquel vous conviez les journalistes doit être attractif d'une manière ou d'une autre. Avant d'organiser le voyage, le Responsable Presse doit donc étudier les ressources locales afin de les exploiter : vins, restaurants, musées…

Si le lieu est dépourvu d'intérêt local, il doit alors présenter un intérêt d'une autre nature : ce peut être le cas d'un centre de recherche avancé. Les journalistes seront séduits par l'opportunité de rencontrer des ingénieurs de haut niveau, qu'ils ne pourraient croiser usuellement.

Il importe d'alterner les sessions professionnelles avec des moments de détente. Il n'est pas optimal de sur-organiser et de prévoir un planning serré, où chaque heure est prise en compte. Les journalistes doivent disposer de temps libre pour découvrir les lieux par eux-mêmes - certains choisiront de profiter de telles périodes pour écrire. Il faut également prévoir des plages horaires dédiées aux interviews.

N'obligez pas les journalistes à participer à tous les événements prévus (ballets, théâtre, concert...). La chose est notamment vraie pour les activités de type sportif : il faut éviter de placer certains participants dans une situation de compétition ils pourraient apparaître à leur désavantage.

La durée idéale d'un voyage de presse se situe entre 3 et 4 jours, temps de déplacement compris. Il peut être bon de donner du lest aux participants en étant flexible au niveau des retours - certains pourront souhaiter revenir plus tôt ou parfois aussi, en profiter pour demeurer sur place plus longtemps.

Au départ du voyage, ne donnez pas aux journalistes un gros volume de documents à transporter – ils pourront trouver l'essentiel des informations nécessaires sur un site Web. Vous pouvez aussi leur proposer d'envoyer certaines informations requises au retour du voyage de presse.

Un bon journaliste va tirer le maximum d'un voyage de presse. S'il est freelance, il va souvent revenir avec quatre ou cinq articles différents à placer auprès des magazines auxquels il collabore.

Les salons

Les salons représentent un type de manifestation particulier dans la mesure où de nombreuses sociétés cohabitent durant plusieurs jours et doivent tenter d'attirer clients et journalistes. Si l'événement est particulièrement important, l'entreprise se doit d'y être présente pour affirmer haut et fort qu'elle existe - le facteur **attention** entre pleinement en compte ici.

Sur le stand de l"entreprise, il est possible de montrer de nombreux produits et le salon pourrait donc apparaître comme un endroit privilégié au niveau des Relations Presse. Pourtant, faire venir les journalistes jusqu'au stand désiré n'est pas gagné. Sur certains salons, plusieurs centaines d'exposants sont présents, et quand bien même l'exposition dure pendant plusieurs jours, il est probable que les journalistes ne puissent en visiter longuement que quelques dizaines.

Si le capital d'affection est élevé envers l'entreprise ou le RP, il est probable que les journalistes feront d'eux-mêmes l'effort de passer vous saluer. Mais il n'est pas certain qu'ils demeurent sur place longtemps, étant donné qu'ils sont sollicités de toutes parts.

Comment faire en sorte qu'ils passent vous voir et restent au moins une dizaine de minutes sur votre stand ? Plusieurs situations sont possibles :

- l'accroche la plus efficace consiste à expliquer qu'un produit à venir sera montré de manière confidentielle à des rédacteurs triés sur le volet,

- peu avant l'événement, si un journaliste appelle pour parler à quelqu'un de l'entreprise, proposez que la rencontre s'effectue sur le salon,

- une personnalité importante peut avoir fait le déplacement au salon et vous laissez entendre qu'elle va rencontrer un nombre restreint de journalistes, comme la fatigue gagne rapidement les journalistes du fait du volume sonore de tels lieux, qui peut tourner à la cacophonie, une zone privée et relativement calme à l'intérieur d'un stand avec des fauteuils confortables et des rafraîchissements peut marquer votre différence. Le journaliste appréciera de venir prendre une pause sur cette aire de calme. Veillez à prendre soin du visiteur, à lui proposer un café ou un snack. Vous pouvez alors lui demander s'il aimerait en profiter pour discuter avec une personne de l'entreprise ou assister à la démonstration d'un produit.

Pensez à demander au journaliste ce qu'il pense de toute l'exposition. Est-ce qu'il a vu quelque chose d'extraordinaire ? Quels sont les stands qu'il a visités ? Par ailleurs, il est conseillé au Responsable Presse de faire un tour de l'exposition, repérer quels sont les stands qui attirent du monde et tenter de percevoir quelles sont les actions de succès d'autres entreprises.

Les trois types d'événements décrits ici ont pour objectif d'accroître l'**affection** et l'**attention**. Bien utilisés, ils peuvent influer fortement sur ces facteurs et leur coût sera donc rentabilisé que ce soit de manière immédiate ou sur le long terme

11 - Réagir à un article sur soi

Réagir à un article n'est pas chose aisée. Faut-il se manifester ou non auprès du journaliste ? Faut-il l'appeler pour le féliciter ou le remettre à sa place ? Cette étape fait suite à la publication d'un article est cruciale : une réaction inadéquate peut gâcher des mois et des mois de travail patiemment réalisé en vue d'améliorer l'**affection** et l'**attention**.

Lorsqu'un article est publié, il a tendance à être observé au travers d'une loupe déformante au sein de l'entreprise. Un peu comme lorsqu'un top model se regarde dans une glace, remarque une minuscule ride apparue sur sa joue, et se focalise dessus, craignant que toute sa carrière puisse en souffrir.

Lorsqu'un manager ou une personnalité lit un article qui le concerne, chaque mot est pesé, décortiqué, analysé…

Que vont penser les clients, les utilisateurs, les actionnaires, les investisseurs, les banquiers ?

Les réactions qui peuvent s'ensuivre sont démesurées, et parfois même étonnantes. Un article favorable va être mal ressenti du fait d'une seule phrase un peu mitigée et le membre de l'entreprise, s'il discute avec le journaliste, pourra trouver à redire à ce sujet.

Ce qui rend la perception distordue, vient de ce que certaines agences de presse ou responsables presse ne lisent QUE ce qui concerne les entreprises qu'ils représentent (parfois aussi ce qui est écrit sur les concurrents directs). Ce ne sont donc pas des lecteurs usuels et ils entretiennent en permanence une vision déformée des choses, qu'ils relayent telle quelle aux dirigeants de l'entreprise. Ce qu'ils perçoivent à travers cette "grille de lecture" orientée est sans rapport aucun avec la réalité de l'acheteur usuel du magazine. Ce dernier désire peut-être juste se distraire durant un voyage en train ou une attente prolongée.

L'importance qu'il accorde à ce qu'il lit, parfois en diagonale, est habituellement restreinte.

Si un article positif peut être mal perçu, que dire d'un mauvais article ?

La chose peut être particulièrement mal vécue et engendrer des réactions excessives, préjudiciables pour les relations à long terme entre l'entreprise et le journaliste.

D'une façon plus étonnante, un article sincèrement élogieux pour lequel le chef d'entreprise ou le Responsable Presse adresse ses compliments peut mettre un journaliste ou une rédaction si mal à l'aise que par la suite, ils vont se sentir comme obligés de tempérer une telle ardeur.

Clairement, cette étape de la Relation Presse mérite que l'on s'y attarde pleinement.

<u>Quand l'article est mauvais...</u>

Une société ou une personnalité peut récolter un mauvais article pour divers types de raisons :

.   le capital d'**affection** est devenu très faible à la suite d'un grand nombre d'erreurs en matière de Relation Presse,

.   en dépit d'un capital d'**affection** élevée, un produit n'est pas performant et l'article ne fait qu'en rendre compte,

.   une rumeur préjudiciable à son image a été relayée et publiée.

Il n'est jamais agréable de voir imprimé à son égard des choses peu flatteuses. Mais il importe de faire la part des choses. En premier lieu, il importe de relativiser l'écrit en question.

Le plus difficile, pour toute société ou personnalité citée dans un article est d'arriver à avoir suffisamment de recul pour réaliser combien les conséquences sont bénignes la plupart du temps. Le texte qui concerne l'entreprise occupe peut-être une colonne dans une centaine de pages. Il n'est même pas sûr qu'un lecteur le parcoure ! S'il le consulte, il va intégrer ces données parmi des dizaines d'autres écrits du même média et l'attention qu'il va y accorder sera bien moindre que celle des gens concernés.

Si l'entreprise a obtenu 25 articles, dont la plupart son élogieux tandis que 2 ou 3 sont négatifs, il est de loin préférable d'ignorer ces derniers ! Individuellement, un magazine a souvent peu d'impact. C'est la répétition d'une annonce qui génère l'attention au sein du public. Une controverse peut parfois même y contribuer, comme dans le cas où certains journaux prennent partie pour un film alors que d'autres le fustigent. Concentrez votre énergie sur les écrits laudateurs, faites du battage autour, voyez comment vous pouvez les intégrer dans votre marketing, etc.

S'il fallait édicter une règle simple en la matière, ce pourrait être la suivante : lorsque l'article n'est pas d'une portée excessive, ne rien faire et ne rien dire est souvent mieux que l'inverse !

La publication d'une rumeur non fondée et que le magazine se refuserait à corriger est bien évidemment plus grave et peut nécessiter une action judiciaire dans le cas extrême - voir plus bas.

<u>Ne jamais invectiver le journaliste</u>

Certains responsables d'entreprise ont pour solution, à la lecture d'un mauvais article, de décrocher leur téléphone et de décharger leur fureur sur le journaliste. C'est une mauvaise tactique, fondée sur l'absence d'une réflexion à long terme. La chose la pire qui puisse arriver à une entreprise, c'est que les journalistes rechignent à écrire à son sujet.

Si vous désirez de bonnes relations avec la presse, il n'est pas envisageable de les attaquer et encore moins de les insulter. Si vous le faites, les dégâts peuvent être immenses au niveau des Relations Presse car les journalistes aiment à échanger leurs impressions sur les sociétés et les mauvais plaisants acquièrent progressivement une réputation qui peut nuire à leur capital global d'**affection**.

Appeler le rédacteur en chef du magazine pour se plaindre d'un journaliste n'aura pas plus d'effet. Le plus souvent, il aura à cœur de soutenir son subordonné et le fera de façon expéditive : ayant un journal à réaliser, le rédacteur en chef n'a que peu de temps à consacrer aux importuns. La conséquence pourrait donc être d'avoir réduit l'**affection** à deux niveaux hiérarchiques du magazine.

Qu'importe combien un article peut être déplaisant. Il faut savoir faire preuve de self-control et agir à long terme. Si un manager désire que les médias accordent leur **attention** aux prochains produits, il ne faut rien faire pour amenuiser la qualité de la relation.

Si l'article est inexact

Si le journaliste a écrit quelque chose d'inexact, le responsable d'une entreprise peut décemment ressentir une certaine injustice et vouloir que la chose soit réparée. Il est alors nécessaire de contacter l'auteur de l'article tout en sachant qu'il est préférable d'y aller avec tact. Un journaliste n'est jamais fier de constater qu'il n'a pas réalisé un travail sérieux. Il importe donc de le lui en faire prendre conscience de façon douce, l'objectif étant de faire publier un rectificatif.

Si un appareil ménager est censé fonctionner à une certaine vitesse et que le magazine en a indiqué une autre, proposez de lui envoyer la preuve de ce que vous dites et demandez s'il est possible que l'information soit corrigée. Appelez le journaliste et expliquez-lui la chose, d'une façon courtoise :

"J'ai un souci avec cette partie de votre article. Il semble exister une erreur factuelle. Le chiffre imprimé ne correspond pas à celui que nous avons en interne."

Si le journaliste s'est contenté d'une affirmation qui vous étonne (exemple : "cet appareil est lent"), vous pouvez lui demander sur quel critère il a basé une telle déclaration et proposer de lui envoyer un banc d'essai qui a produit des conclusions différentes.

Généralement, le journaliste devrait être ouvert à votre requête. S'il se braque et ne veut pas vous entendre, sans nul doute le plus efficace consiste à organiser un déjeuner et de faire en sorte que l'affection remonte.

Faut-il en référer au rédacteur en chef ? Cela pourrait être nécessaire si le journaliste refuse de vous rencontrer ou au moins de discuter. Attention toutefois à ne rien faire qui pourrait amplifier un éventuel désamour du journaliste à votre égard - s'il se fait remonter les bretelles par son supérieur à cause de vous, il n'en tirera pas une **affection** accrue.

Une solution efficace peut consister à envoyer au rédacteur en chef une lettre, la plus aimable possible, pour le courrier des lecteurs. Elle doit reposer uniquement sur des faits, éviter de mettre en cause le journaliste et apparaître comme un complément d'information. Si le magazine l'imprime, vous ne pouvez qu'y gagner : une telle page est souvent l'une des plus lues d'un journal.

Ne pas réagir en coupant la publicité

Au sein des équipes commerciales d'une entreprise, la perception des médias peut reposer selon l'équation suivante :

« Puisque nous passons de la publicité dans ce magazine, nous sommes en droit d'attendre de bons articles ».

Pourtant, quand bien même cela pourrait heurter certains principes, il importe d'établir une véritable muraille de Chine entre ces deux éléments : publicité et rédaction.

Une entreprise ne doit placer une réclame dans un magazine qu'en fonction de deux critères. Le lectorat de ce journal correspond-il à sa clientèle ? Est-ce que ce lectorat lit habituellement les publicités (certaines enquêtes lecteurs le font ressortir) ? En d'autres termes, est ce que la cible du journal correspond aux acheteurs potentiels du produit ? La décision de passer de la publicité doit être indépendante de ce qu'écrivent les journalistes.

Réagir en coupant le budget publicitaire peut être préjudiciable à l'entreprise. Les journalistes risquent de voir critiqués par les équipes commerciales du magazine qui voient s'échapper une source de revenus, et ils vont en déduire que l'entreprise cherche à influer sur leur liberté d'expression.

Supprimer les pages de publicité au sein d'un magazine peut également être un mauvais calcul au niveau du rayonnement global de l'entreprise. Une publicité peut comporter des extraits de divers articles. Si trois journaux ont attribué une note telle que 18/20 à un produit et que le présent magazine l'a jugé médiocre, c'est ce dernier qui risque d'apparaître comme partial. L'idéal consiste à considérer ces deux activités comme totalement indépendantes.

La chose est vraie pour la démarche inverse. Si un magazine tente de subordonner la publication d'articles à l'achat de pages de publicité, il vaut mieux éviter de passer la moindre page de réclames dedans. Dans la mesure où sa rédaction n'est pas indépendante, ce journal dispose probablement d'une très faible crédibilité.

Actions judiciaires

Lorsqu'une entreprise ou une personnalité s'estime gravement lésée par un article, en particulier s'il porte gravement atteinte à sa réputation et que le magazine refuse de le corriger, il peut être nécessaire de recourir à la voie légale.

Il se peut qu'il n'y ait pas d'autre solution possible et que le préjudice soit énorme, d'autant qu'il peut être basé sur des données non fondées ou une volonté de nuire dépourvue d'objectivité. Il serait alors légitime d'obtenir une réparation. Parfois aussi, au risque de nous répéter, il peut être préférable de laisser tomber l'affaire. Un journal est un média éphémère. Une actualité en chasse une autre et ce qui peut sembler énorme en janvier pourra paraître négligeable en mars. Concentrer son énergie sur une nouvelle annonce ou sur l'obtention d'articles positifs est probablement plus utile. En faisant un procès à un magazine, vous pouvez réduire à néant ce qui pourrait encore demeurer du capital d'**affection**. Quoiqu'il en soit, si l'on en arrive là, il est clair que l'activité de Relation Presse a échoué.

<u>Réagir à un bon article</u>

Que faire si l'article est particulièrement élogieux à propos d'un produit ? La réaction naturelle pourrait consister à appeler le journaliste et à le remercier. Certains pourraient pousser le sentiment de gratitude jusqu'à adresser une bouteille de champagne ou autre cadeau de remerciement. Il faut pourtant s'abstenir de le faire.

Si un journaliste écrit de bonnes choses à propos d'une société ou d'un produit, il le fait en toute liberté et indépendance. Dès lors qu'une entreprise le remercie, il s'établit une relation ambiguë : après tout, il est là pour informer le lecteur et non pas pour faire plaisir à une société quelconque… Aurait-il manqué de rigueur dans son évaluation ? Étrangement, il se peut qu'il se montre plus pointilleux lorsqu'il testera un autre produit de cette entreprise.

Moralité : il vaut mieux ne pas remercier le journaliste. Vous pouvez le complimenter sur son professionnalisme :

"J'ai trouvé votre article intéressant. Vous avez soulevé des questions opportunes, etc."

Mais n'exprimez jamais de gratitude. Le journaliste n'a pas écrit l'article pour faire plaisir à l'entreprise concernée mais pour informer son lecteur. C'est la seule chose qui compte à ses yeux s'il agit en professionnel.

Une façon indirecte de complimenter le journaliste peut consister à lui demander s'il autorise la publication d'une reproduction de l'article. Généralement, une telle démarche est appréciée car elle contribue à la notoriété du rédacteur.

Une autre opportunité de faire savoir au journaliste que vous l'appréciez peut intervenir lorsqu'il vous rend visite dans vos locaux. Si vous le présentez à une personne de l'entreprise, vous pouvez faire référence au bon article qu'il a écrit. Dans un tel contexte, il devrait se sentir valorisé - dans certains cas de figure, en revanche, cela peut toutefois accentuer sa volonté d'indépendance.

__Réagir à une absence d'article__

Si vous avez organisé une conférence de presse, envoyé des dizaines de communiqués sans obtenir des journalistes qu'ils écrivent quoi que ce soit, il est temps de se demander ce qui pêche au niveau des RP. De nombreuses erreurs ont dû être commises au niveau des trois facteurs clés : **attention**, **affection** ou annonce d'un **changement remarquable** comme par exemple :

. trop de communiqués adressés systématiquement aux magazines,

. une communication arrogante,

. des communiqués adressés de manière non ciblée,

. une conférence de presse particulièrement ennuyeuse,

. une annonce pour laquelle vous avez déplacé les journalistes durant une après-midi entière et qui n'est absolument pas un changement remarquable,

. des réactions agressives à un mauvais article,

. etc.

Lorsqu'une telle situation se présente, il est temps d'appliquer certains des remèdes évoqués précédemment tels qu'une série de déjeuners en "one to one" ou un voyage de presse.

Il importe de rétablir une situation de confiance et de crédibilité !

Si l'absence d'articles se confirme, appelez vos amis journalistes et demandez-leur de vous expliquer franchement ce qui cloche dans la communication de l'entreprise. Tentez de comprendre pourquoi ce qui vous semblait important ne l'a pas été pour eux et quels sont les critères qui comptent à leurs yeux.

Certains RP pourraient répliquer qu'ils n'ont pas d'amis parmi les journalistes - l'une des cadres d'une entreprise m'a un jour déclaré qu'il en était ainsi ! Dans un tel cas de figure, il serait bon de relire les chapitres 2 à 8 et de changer la façon d'opérer.

Quoique l'on pourrait croire les journalistes savent garder un secret et s'abstenir de rendre public un fait susceptible de nuire à une personne appréciée. Ils ne sont pas insensibles aux déboires des autres et si l'on a réussi à s'en faire des amis, ils se montreront solidaires au moment opportun. Ainsi en France, durant plus de dix ans, les médias ont tacitement accepté de ne pas révéler l'existence de Mazarine, fille du président Mitterrand, qui avait su entretenir un lien fort avec de nombreux journalistes - la chose est uniquement jugée ici sous l'œil des Relations Presse !

Richard Branson en a bénéficié lors du lancement de la compagnie d'aviation Virgin Atlantic. Le fondateur de Virgin avait emmené les journalistes en avion et le premier vol sur l'Atlantique s'était mal déroulé. Confus, il avait emmené les journalistes dans une chambre d'hôtel et avait joué la carte de la sincérité.

"Si vous écrivez cette histoire, je suis mort. Si vous ne l'écrivez pas, je peux battre British Airways."

Il a obtenu leur soutien !

Branson avait fait en sorte de gagner l'affection des journalistes et il a pu en tirer parti au moment opportun. La chose est donc possible.

Si vous faites les Relations Presse comme il se doit, les journalistes vont vous adorer !

12 - Règles d'or

La première mission des Relations Presse consiste à obtenir l'**attention** des médias, c'est à dire faire exister une entreprise ou une personnalité au niveau des médias.

Une fois que le capital d'**attention** existe, le travail du RP consiste à faire croître ce capital.

Pour faire croître le capital d'**attention**, les principaux outils de Relations Presse sont : un envoi ciblé et modéré de communiqués de presse, les déjeuners de presse, la participation à des événements (salons, expositions…)

Une fois que l'attention existe, le second travail du RP consiste à développer un deuxième capital : l'**affection**. L'ambition est d'obtenir que les journalistes pensent du bien de l'entreprise ou de la personnalité représentée et ne rien faire qui puisse aller dans l'autre sens.

Pour faire croître le capital d'**affection**, les principaux outils sont le déjeuner de presse, les interviews, les fêtes, les voyages de presse.

Afin de maintenir l'**affection** élevée, éduquez les membres de l'entreprise ou la personnalité que vous représentez à communiquer aux médias de façon honnête et mesurée.

Une fois que l'**attention** et l'**affection** sont élevés, pour capter l'attention des médias, il faut annoncer un **changement remarquable** : nouvelle gamme, technologie innovante, rebondissement dans une affaire…

Pour annoncer un **changement remarquable**, le meilleur outil est la conférence de presse. À défaut, ce peut être un communiqué de presse.

Pour conserver l'**attention** et l'**affection** au zénith, pour les conférences de presse comme pour les communiqués, il vaut mieux faire trop court que trop long.

Afin de maintenir l'**attention** élevée, veillez chaque fois que cela est possible à montrer plutôt qu'à énoncer.

Entretenez une connaissance des médias et des journalistes afin de cibler vos actions de Relations Presse.

Tâchez d'exploiter les actualités ou tendance du moment pour obtenir des interviews.

Pour maintenir l'**attention** élevée, évitez de communiquer lorsque cela n'est pas nécessaire.

Pour réparer un capital d'**affection** entamé, le meilleur outil est le déjeuner de presse.

Évaluez la réussite des Relations Presse par les résultats obtenus en terme d'**attention**, d'**affection** et de réponse à l'annonce d'un **changement remarquable**. Ce qui compte, ce n'est pas le nombre de journalistes présents à une conférence, mais le nombre d'articles positifs récoltés suite aux actions des Relations Presse.

@Daniel Ichbiah & Richard Sharpe 2004 – 2015 - 2016

Remerciements à Guillaume Ghrenassia pour avoir assuré une relecture de la nouvelle édition.

Un mot de l'auteur…

Grâce à Internet, nous obtenons aisément des échos de nos lecteurs et c'est un sacré bonus.

J'aime apprendre qu'un de mes livres a pu apporter quelque chose de bénéfique à un lecteur, qu'il a pu vous faire passer un moment agréable et peut-être même qu'il vous ait donné envie de créer des choses. Si vous avez des commentaires plus sévères ou des suggestions, je suis également intéressé à lire vous remarques . Ainsi donc, n'hésitez pas à m'écrire à **daniel@ichbiah.com** De même, si vous découvrez la moindre erreur dans ce livre, merci de me la signaler à la même adresse.

PS : Si vous avez apprécié ce livre, merci de laisser un commentaire sur la page du site où l'avez acquis.

Table des Matières